识干家

企業閱讀　學以致用

大客户销售谈判

获得利润的最快途径

陆和平◎著

云南出版集团
YNK 云南科技出版社
·昆 明·

图书在版编目（CIP）数据

大客户销售谈判：获得利润的最快途径 / 陆和平著
. -- 昆明：云南科技出版社，2021.4
ISBN 978-7-5587-0730-8

Ⅰ. ①大… Ⅱ. ①陆… Ⅲ. ①企业管理－销售管理－贸易谈判 Ⅳ. ①F274

中国版本图书馆 CIP 数据核字(2021)第035330号

大客户销售谈判：获得利润的最快途径
DAKEHU XIAOSHOU TANPAN：HUODE LIRUN DE ZUIKUAI TUJING
陆和平　著

责任编辑：洪丽春　曾　芫
助理编辑：张　朝
封面设计：仙　境
责任校对：张舒园
责任印制：蒋丽芬

书　　号：ISBN 978－7－5587－0730－8
印　　刷：河北宝昌佳彩印刷有限公司
开　　本：710mm×1000mm　1/16
印　　张：12.25
字　　数：280 千字
版　　次：2021 年 4 月第 1 版
印　　次：2021 年 4 月第 1 次印刷
定　　价：88.00 元

出版发行：云南出版集团公司　云南科技出版社
地　　址：昆明市环城西路 609 号
网　　址：http://www.ynkjph.com/
电　　话：0871－64190889

一、为什么要写这本书

写谈判的著作不计其数，通用类谈判著作居多，但聚焦大客户销售谈判的著作很少。大客户销售谈判的不同之处是：要先让客户尽可能认同我的价值，达到这样的程度——客户有明显的购买欲望，我的产品是第一候选，才能进入谈判过程。谈判是签单前的最后一道工序，没有销售前期的铺垫及价值的呈现，谈判将极其困难。销售人员常犯的一个错误是：在该销售的时候却在谈判，结果被客户杀得遍体鳞伤。关于大客户销售的内容，有兴趣的读者可以参考我的另外两部著作——《大客户销售这样说这样做》《销售是个专业活》。

大客户的单笔金额大或累计金额大；参与决策人多；决策过程复杂；客户考虑采购风险。这也决定了其有别于一般的小额订单的谈判。对于动辄几百万元甚至上亿元的大订单，其谈判的价值和意义要大得多。很多大客户的销售人员没有意识到，谈判是获得或失去利润最快的途径，做得不好，几秒内几十万元就从你的指缝间溜走了。

二、本书的主要观点、结构和获益点

谈判的本质是实力的角逐，实力强的一方在谈判中更容易占据主导地位。大客户谈判前一方强化已有的优势，改变力量对比，赢得谈判桌上的主动权是谈判胜负的关键。与实力相比，任何谈判技巧都是雕虫小技，而且信息不对称下的谈判方式是来回讨价还价，效率低，甚至损害双方的长期关系，但有时候是不得已而为之。

本书共分五章。第一章：介绍大客户谈判的基本概念、谈判的重要性和意义、影响谈判实力的八个因素；第二章：介绍大客户谈判在前期增强谈判实力、赢得优势的8+1策略；第三章：介绍双赢谈判的思想，以及谈判的策划与准备；第四章：介绍谈判沟通的七个关键点；第五章：介绍谈判如何开局、报价与还价技巧、妥协与让步技巧、如何摆脱谈判困境和推动成交的六个技巧等。

在与大客户谈判中，你可以从本书中获得如下知识点和收益：

- 赢得谈判的8+1策略。
- 如何实现双赢的四个路径。
- 谈判沟通的七个关键点。
- 十个必备的谈判技巧
- 摆脱谈判困境的三种对策。
- 防止情绪失控的“导火索”。
- 十个容易忽略的谈判误区。
- 推动签约的六个技巧一个忠告。

本书有机会让你从不会谈判到成为谈判专家，帮助你在与大客户的谈判中轻松说服对方，实现从一次成交、成本价成交到高价成交、持续成交的转变。

三、本书的阅读对象

本书的阅读对象是大客户销售人员、项目销售人员、工业品销售人员、B2B 行业销售人员，消费品销售人员和企业采购人员也可以参考。

特别说明：除另有说明，本书、各章节所提的谈判均是指大客户销售谈判、项目销售谈判、工业品销售谈判和 B2B 销售谈判。

您还可以获得本书全文电子书及同类好书推荐，详见本书封底下方白框内容。

谈判小测验

答案就在对应章节中。

1. 双赢谈判就是基于谈判双方的利益交换，而非立场妥协？

（a）对　　　　（b）错　　　　（c）也许

请参考章节：第三章第一节

2. 谈判中向对方提出最后期限的要求，有助于谈判的成功？

（a）对　　　　（b）错　　　　（c）也许

请参考章节：第二章第四节

3. 对于具有合作潜力的客户，当我方处于强势位置，你应该选择的谈判策略是坚持自己的诉求不退让？

（a）对　　　　（b）错　　　　（c）也许

请参考章节：第三章第三节

4. 谈判中发现对方说错了，也不打断他的话？

（a）对　　　　（b）错　　　　（c）难说

请参考章节：第四章第一节

5. 谈判中对客户的问题应立刻回答？

（a）对　　　　（b）错　　　　（c）也许

请参考章节：第四章第一节

6. 在任何情况下，对客户的开价一定是高于实价？

（a）对　　　　（b）错　　　　（c）看情况

请参考章节：第五章第三节

7. 谈判中，对方提出折中方案，各让一些差价，要求按75：25的比例折中，对方多让一些？

(a) 对　　(b) 错　　(c) 也许

请参考章节：第五章第三节

8. 客户说：“如果同意降价5%，我们愿意接受你的投标。”你回答：“要是同意修改条款可以考虑折扣。”

(a) 对　　(b) 错　　(c) 也许

请参考章节：第五章第四节

9. 面对实力强的对手，较好的办法是先做出小的让步，换取对方的同意？

(a) 对　　(b) 错　　(c) 也许

请参考章节：第五章第四节

10. 即使对方声称某个问题是不能谈判的，也不必就此作罢？

(a) 对　　(b) 错　　(c) 难以肯定

请参考章节：第五章第五节

标准答案在全书最后。

目录

第一章
大客户谈判的概念和要义

第一节　谈判的基本概念

世界是一个谈判桌，处处都需要谈判：小到和你的伴侣分配做家务，和你的上司讨论薪水问题，商场买东西与营业员讨价还价；大到数百亿元合同的大型商务谈判，例如跨国企业之间的收购并购。本书主要涉及大客户销售谈判，也包括项目销售谈判、工业品销售谈判和 B2B 销售谈判（以下简称谈判）。

一、谈判的基本概念

代表利益不同的双方，具有合作的需要，但对利益分配存在异议，同时没有足够的实力逼其就范，而必须进行沟通、协商、妥协，最终达成协议的过程。

二、谈判的两个核心观点

“需要”和“实力”，是谈判的两个核心观点。

美国谈判学会主席尼尔伦伯格认为：需要是谈判产生的基础和动因，因为人类的每一种有目的的行为都是为了满足某种需要。对谈判主体而言，如果不存在某种未被满足的需要，人们就不会在一起谈判了；谈判者应去发现与谈判各方相联系的需要，对驱动着对方的各种需要加以重视，选择不同的方法去影响对方的动机。

而美国著名谈判学家约翰·温克勒说过：“谈判技巧运用的依据和成功的基础是谈判实力……探索彼此的力量对比，采取一切可能的措施增强己方的谈判实力，是谈判成功的主要技巧。”

有一天，我下班回家，看到路边有一个老太太卖橘子，便上前询问："橘子多少钱一斤？"

"5元。"老太太答道。

"我把你筐里剩下的橘子都买了，便宜多少？"

老太太答道："8元一斤。"

我不敢相信自己的耳朵，"是的，8元"，老太太坚定地重复道。

我一气之下离开了老太太，没走几步又回头来到老太太的面前，说："老太太，别人都是多买便宜，为什么你是多买反而贵了？"

老太太笑着答道："橘子是自家种的，我出来卖橘子主要是想和人说话，消磨时间，你把我的橘子都买了，我今天还能干啥呢？"

——需求是谈判的基础，没有需求就不存在谈判

三个男子去提亲，女方的家长说："娶我的女儿可以，请介绍你有什么实力保证我的女儿的幸福。"

A说："我有1000万元现金，让她此生衣食无忧。"

B说："我有一栋豪宅，价值2000万元，可以让她享受荣华富贵。"

C答："我什么都没有，只有一个孩子，在你女儿的肚子里。"

女方的家长说："什么都不用谈了，彩礼免了，马上结婚。"

C为难地说："没婚房，结婚条件不具备。"

女方的家长说："这是100万元，先去买房付首付……"

——谈判技巧是雕虫小技，只有实力才是硬道理

谈判的基础固然是双方都有需求，同时实力也是决定谈判成功的主要因素，因为谈判双方的实力对比决定了谈判的沟通方式，当一方实力显著地强于对方，只有命令，不存在所谓的谈判，被命令的一方只有服从或者影响对方来赢得利益。只有双方的实力对比相差无几或没有完全失衡的情况下，才有谈判。当然，在产品同质化和市场供大于求的情况下，谈判中买方占据优势的概率更大一些。谈判中更多的情况是："这个价格你不做，别家愿意做，你必须在明天 12 点以前决定订单到底接不接?"因此，如何采取一切可能的措施增强已方的谈判实力，是谈判成功的主要因素。如图 1－1 所示。

谈判	买方实力=卖方实力	谈判
命令	买方实力＞卖方实力	影响
影响	买方实力＜卖方实力	命令

图 1－1　谈判成功的主要因素

三、如何增强谈判实力

谈判由"谈"和"判"两个字组成，谈是指双方前期的沟通和协商，判是后期的妥协并达成协议。大客户的决策时间长、决策过程复杂，因此谈判需要前期销售（谈）铺垫才能进入正式的谈判（判）。换句话说，销售在前，是让客户决定买还是不买；谈判在后，是让客户以什么条件购买。

如果说销售像追求美女，那么谈判更像是婚前商议，一个没有感情基础的提亲，一定是面临高价彩礼的谈判。销售的目标是增强谈判实力，让客户尽可能认同自己的价值，当达到这样的程度：客户有明显的购买欲望了，我的产品是第一候选了，才能进入谈判过程。所以，谈判是签单前的最后一道工序，但无法取代销售本身，消除客户的顾虑远比试图降低你的价格有效得多，没有销售前期的铺垫及价值的呈现，谈判极其困难。销售人员犯的一个错误是：在该销售的时候却在谈判，一开始就讨论价格或者其他商务条件，最终被客户杀得遍体鳞伤，把价格砍到惨不忍睹。

两家初创公司竞争软件系统的订单，考虑到这项采购涉及几十万美元，客户有些担心，害怕系统以后得不到供应商的支持。这种顾虑不便轻易表达，客户便拿价格和付款条件来说事。其中一家公司把客户的话当真了，咬咬牙把价格又降了5%，结果适得其反，加重了客户的担心。另一家公司采取了不同的策略。他们认为：自己的系统要比大公司的便宜，所以价格应该不是问题，而只是客户某种顾虑的烟幕弹。通过探询了解到客户其实是对自己这类初创公司的售后服务有顾虑。于是，该公司采取了一系列行动：安排客户与公司的高层见面；参观已有的成功案例，了解系统的实际使用效果，并与著名的第三方服务机构签订了10年的合约。终于让客户消除了顾虑，最后与其签订合同，同时价格维持不变。

我调查过一个客户的报价系统，公司有对外正式的报价，也给了销售人员底价，原意是希望给销售人员一定的谈判空间，也事先告知不到万不得已不要用底价。但后来的情况是：大部分销售人员都在与客户第二次见面时就报了底价，99%的销售订单都在公司的底价处成交。所谓谈判，就是先采取一切可能的手段增强己方的谈判实力，最后才向客户妥协达成协议，要先销售后谈判，才能在谈判桌上获得更多的利益保障。如图1－2所示。

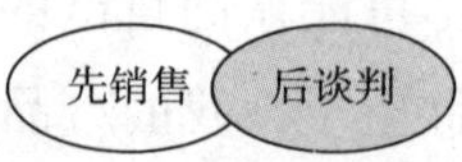

图1－2　先销售后谈判

谈判有两个关键词：谈判除了“需要”和“实力”，还有两个关键词——“价值”和“第一候选”。实力来自价值，我们经常说，在客户没有看到方案的价值前，任何价格都是高的；第一次报的任何价格，在客户眼里都是最高价。

你去商场买衣服，看中了一件衣服，问：“多少钱？”无论营业员报什么价，你都会说：“太贵了。”有经验的营业员一般会怎么说呢？“你先试一下”，然后告诉你：“这件衣服多么合适，你穿上多帅啊！简直是为你量身定做的，而且品牌和做工都是一流的。”这时候，他报的价格似乎不贵了。要先谈价值再谈价格，对于一个不了解产品价值的客户，任何报价都是高的。

在销售界也有一句话叫：“关系不到，价格不报。”价格报得高，客户一开始就把你淘汰了；价格报得低，别人认为便宜无好货。客户与你谈判的目的是为了获得价值，包括但不限于价格和付款条件，也包括降低成本、保证质量、及时送货、良好服务和降低风险，如何在销售阶段体现除价格以外的价值，是获得谈判优势的前提条件。很可惜，很多销售人员由于没有价值铺垫，匆忙报价，在接下来的谈判中败下阵来。

买房需要有一个备选方案，找工作需要 B 计划，客户采购当然也有 B 计划。销售要避免的情况是，客户一开始就没有把你当成选择的对象，你只是被客户当成 B 计划，甚至还不是 B 计划，是 C 计划，在谈判中你完全处于劣势。你拼尽全力跟着友商跑完全程，最后发现自己是陪练。客户之所以明知你没戏，还希望你积极参与，原因不外乎是把选定的供应商的价格压下来，所以急着要你报价，你报完价就没有消息了。有意思的是，第一个报价的人往往没戏，因为客户拿着你的价格去找第二家企业压价。如果你是客户的备选，根本不存在所谓的谈判。

知道自己是备选不可怕，因为还可以有补救的行动，还有翻牌的机会。可怕的是，不知道自己是备选或者假装相信订单还有希望。投资大师巴菲特告诉我们："打牌时，如果几轮下来你还不知道牌桌上谁是傻瓜，那么你就是那个傻瓜。"

最后对本节做个总结：谈判中的"谈"专注于客户的问题、需求及解决方案，"判"则致力于价值互补和利益平衡。谈判有两个核心观点："需要"和"实力"；谈判有两个关键词：价值和第一候选。"需要"是谈判的基础，谈判实力才是硬道理，销售过程（谈）就是不断积累实力的过程，不给客户带来价值的谈判技巧都是雕虫小技。没有成为客户的第一选择就是浪费时间。

第二节　谈判的重要性和意义

让我们设想一个场景，你在商场看到一件心仪已久的品牌西装，原价5000元，现价2500元。你压抑着心中的喜悦，花了10分钟的时间跟营业员讨价还价，营业员同意再降50元，最后成交。我的问题是：你觉得这样的谈判是不是有价值的？

我的回答是看你的时间价值？如果你是上班族，年薪10万元和年薪100万元每分钟的时间价值分别是1元和10元，10分钟的时间价值分别是10元和100元，如表1－1所示。单算经济账，年薪10万元的人，花10分钟谈判是划算的，这就是谈判带来的价值；但年薪100万元的总经理，花10分钟谈判得不偿失，因为原本他可以用同样的时间挣更多的钱。当然，有读者说年薪100万元也很划算，因为这是总经理的非工作时间，但这10分钟他可以创造更大的价值，例如学习、锻炼或陪伴家人。请你想一想，如果地上有10万元，马云会不会弯腰去把钱捡起来呢？世界上只有一个马云，总经理在你的公司也只有一位，如果没有更好的机会实现价值，还不如用在谈判中。

表1－1　时间价值（按8小时工作制，全年250个工作日计算）

年薪（元）	每天价值（元）	小时价值（元）	分钟价值（元）
55,000	220	27.50	0.46
65,000	260	32.50	0.54
85,000	340	42.50	0.71

续表 1－1

年薪（元）	每天价值（元）	小时价值（元）	分钟价值（元）
100,000	400	50.00	0.83
1,000,000	4000	500.00	8.30

一、公司提高利润的手段

你服务的公司可以从三个方面提高利润：销售人员卖出更多的产品；不断降低产品的制造成本和其他营运成本，包括营销成本；以出色的谈判技巧使同样的产品卖出更高的价格。市场竞争激烈卖出更多的产品，抢夺别人的份额确实不容易；降低产品的制造成本和其他营运成本也同样不容易，而且降低成本还有可能降低产品的品质，反而损害了公司的长远利益。很明显，成功的谈判是提高公司利润更为便捷的方法。据统计，在影响利润的因素中，相比降低可变成本、降低固定成本、提高销量，提高价格的影响最显著。

阿基米德说："给我一个支点，我就能撬动地球！"价格同样具有杠杆的效应，据统计，对企业来说，提高1%的价格，能使不同企业的净收入增加，可口可乐增加6.4%、富士增加16.7%、雀巢增加17.5%、福特增加26%、飞利浦增加28.7%。遗憾的是，大部分企业和销售人员似乎对每年的销售增长率或扩大市场份额有兴趣，而对提高价格缺乏动力。这里有公司为了快速发展、扩大市场份额只考核销量的原因，还有销售人员缺乏谈判的培训，在涉及价格等的谈判中败下阵来的原因。如图1－3所示。

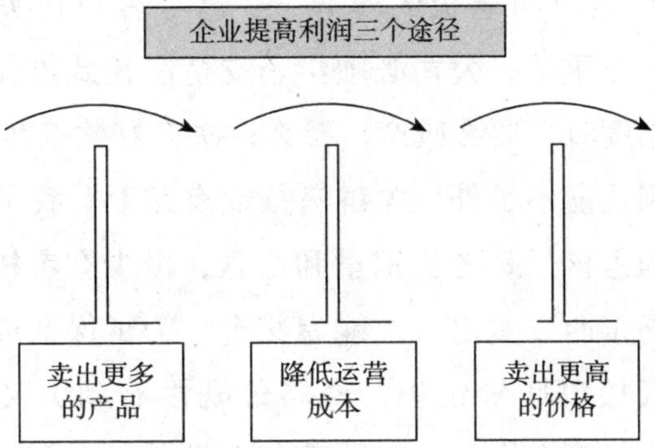

图1－3　提高利润三个途径

二、大客户销售的现状

销售与谈判密不可分，面对供大于求、产品同质化、价格竞争激烈的局面，大客户销售的手段又是什么样的呢？无非有两种：关系营销和产品营销。关系营销和产品营销都面临成本的问题。拼价格最后让企业无钱可挣，做客户关系拼回扣最终也要体现在企业的成本上，这两种销售模式都会导致企业无利可图。

三、谈判的现状

大客户订单金额大，对企业的利润影响也很大，而我们谈判手段又是怎样的呢？某企业对其产品做了价格梯度分析，标价100元的某产品，在扣除经销商折扣、竞争特价折扣、大订单折扣、客户自行提货折扣、现金支付折扣、年度返利、数量返利、广告费、运输费，最后的“口袋”价格居然只要标价的53%。这些利润大部分都从销售人员的手指缝中溜走了。

我服务的一个企业，他们所有中标的项目都是最低价中标，而没有成功的项目都不是最低价。他们的销售人员还有一个特点：对客户谈判都不在行，对公司内部的谈判却很在行，谈判最后变成了销售人员与老板的博弈——这个客户很关键，要给特价；那个项目很重要，公司必须给予支持。长此以往，让企业难以为继、艰难度日，要么破产，要么以次充好欺骗客户。

除了谈判技能不足外，关键考核没有跟上。我了解的大部分企业对销售的考核只是考核销量和回款，极少有考核利润的。销售人员只有把东西先卖出去才能有奖金，为了保证成交，他们会选择不谈判直接以底价销售，谈高价既没有动力又有风险。某天，我和一位同事逛街，发现同事很会砍价，我问："你这么会砍价，哪里学的?"同事说："陪老婆逛街的时候练出来的。"我又问："你为什么这么卖力地练?"同事说："没办法，老婆说她负责买东西，我负责砍价，砍下多少就是我的零花钱，我能不卖力?"

四、谈判的重要性

对于购买方的客户，价格是最快且确定能实现价值的方法。短短几秒钟，几十万元就到手了。早期，通用汽车启用了一个叫罗培兹的采购部经理，他上任半年就帮通用汽车增加了净利润20亿美元。他是如何做到的?汽车由许多零部件组成，大多数是外购件，罗培兹上任的半年时间里只做一件事，就是把所有供应配件的厂商请来谈判，他说："我们公司信用这么好，用量这么大，现在要重新评估价格，如果你们不能给出更好的价格，我们打算更换供应商。"这样的谈判之后，罗培兹在半年的时间里就为通用省下了20亿美元。

对于供应商来说，这无疑是获得或失去利润最快的途径，你谈判获得的每一分钱都是企业的净利润。设想一下，如果企业的净利润是5%，底价100万元的订单谈到105万元成交，相当于做了两个100万元的订单（100万的净利润是5万，再加5万相当于又做了一单)。更何况在高度竞争的市场环境下，有的企业连1%的净利润都达不到。言下之意，就是只要谈到101万元，相当于做了两个100万元的订单。谈得不好，公司几万元的净利润就泡汤了，相当于少做了几个订单。

刚入行时有一个咨询项目，是和客户的董事长直接谈的，他是刚接班的年轻的富二代。前后谈了1个多月，董事长觉得这个价格差不多了，说："我回去让相关部门审一下，没问题，尽快签约。"我很高兴，但第二天晚上接到董事长的电话："这个价格给董事会看了一下，觉得不行，超出预算太多，没批。"当时我很着急："价格上我们已经是最大的诚意了，谈了这么久，到底是差多少？要不我再给你争取一下。"董事长说："不多，就10万元，你回去再跟你的领导商量下。"我找领导说了一下，然后按这个价格签了合同。后期项目实施的过程中，我和董事长的关系越来越好了。有一次，我们俩一块儿喝酒，他大概有点醉了，谈到了这件事，跟我说："哪有董事会，我那天就闲着没事儿干给你打个电话，我也不知道一个电话值10万元。"

有些销售人员动辄要求降价，认为利润可以靠销量弥补，但价格和销量的关系可能令你大吃一惊，薄利多销是一个不可能完成的任务。这取决于需求价格弹性，而大部分工业产品原材料需求缺乏弹性。换句话说，价格对销量的影响很小；即使不缺乏弹性，你知道需要增加多少销量才能从降价中获利吗？销量降低多少能使涨价无利可图？让我们看一个案例：

某企业为了做一个降价促销计划，财务部门算了一笔账：假定原来销售一个部件的单价100元，目前销量100万个，单位变动成本60元，总贡献毛益4000万元。现在要降价20%，单价80元，为保证总贡献毛益不变，销量要达到200万个。财务部门质问销售部门："你们有信心把目前的销售额翻一番吗?"销售部门根本没有底气来回答，财务部门又给销售部门算了一笔账，提价20%，单价120元，为保证总贡献毛益不变，销量只要达到66.7万台就可以达到目前的总贡献毛益。涨价和降价对企业的影响一目了然。

注：贡献毛益（边际收益、边际贡献）是指产品销售收入减去以变动成本计算的产品成本后所剩可供抵偿固定成本并创造利润的数额，可按单位产品或企业各种产品计算。

最后对本节做一个总结：公司从三个方面提高利润：卖出更多的产品、降低成本、使同样的产品卖出更高的价格。谈判是提高公司利润最有效的方法，你谈判获得的每一分钱都是企业的净利润。而期望通过薄利多销弥补利润是一个不可能完成的任务。如图1-4所示。

图1-4 价格和销量的关系可能令你大吃一惊

第三节　影响谈判实力的八个因素

前面说过：谈判的本质是实力的角逐，实力强的一方在谈判中更容易占据主导地位，是胜负的关键。与实力相比，任何谈判技巧都是雕虫小技。即使一个没有经验的谈判者，只要拥有实力，就可以表现得非常出色。根据约翰·温克勒的谈判实力理论，我们总结影响（大客户）谈判实力主要有以下八个因素，如图1－5所示。

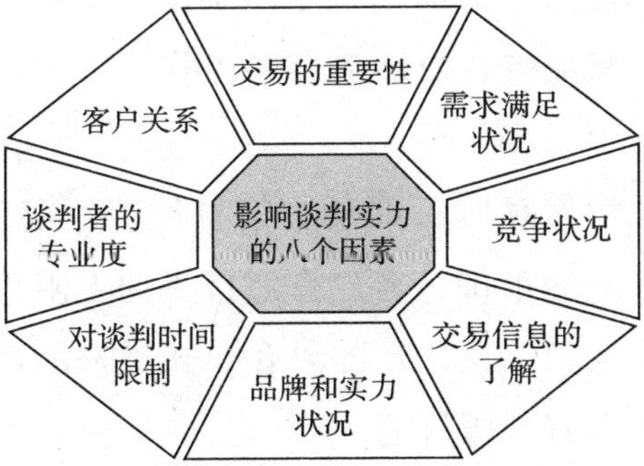

图1－5　影响谈判实力的八个因素

一、八个因素

1. 交易的重要性

达成协议，对方有什么好处？未达成协议，对方有什么麻烦？你有没有退路？有没有备选方案？换句话说，交易对一方越重要，其谈判实力就越弱。反之，谈判实力就越强。例如你已经有一段时间没有业绩了，再这样下去很可能被老板解雇。因此，你迫切需要一个订单来解除困境，这时候有一个客户表示有购买的兴趣，你很难谈个好价格。

2. 需求满足状况

大家都能满足客户需求，还是你有独一无二的优势？当客户的采购条件几乎所有的供应商都可以满足时，优势就在客户一边，看谁的价格低就用谁家的产品。反之，除了你几乎找不到可以满足其技术要求的供应商，你是单一采购来源，就有谈判的优势了。

3. 竞争状况

买方市场还是卖方市场？友商给客户提供什么条件？其质量和服务有没有瑕疵？产品同质化还是差异化？如果产品供大于求、竞争对手恶性竞争再加上产品同质化，几乎可以肯定你没有任何还手之力，只能被客户玩于股掌之中。

4. 交易信息的了解

你能获得关键信息吗？谁具有信息优势，谁就具有主动权。如果你能得到友商的报价、客户愿意接受的上限价，在与客户谈判中就占据了主动权。反之，如果客户知道你的产品积压、销量不好的信息，就等着被压价吧。

5. 品牌和实力状况

谁是强势品牌？谁为谁提供品牌背书？假如你的企业不知名，华为是你的客户，华为就在为你做背书，你就是谈判实力弱的一方；如果客户的采购规模很大，对方也一定会以此要求你让步，你也是谈判实力弱的一方；如果你的成功案例多、市场份额高，也可以作为提高价格的依据。

6. 对谈判时间限制

谁有时间压力？谁能够等待？例如销售人员年终要完成业绩，要求代理商压货，代理商就会提出各种条件：价格折扣、延迟付款，而销售人员往往限于时间压力只能答应。

7. 谈判者的专业度

采购谈判经验丰富，还是你的专业程度更高？假如你是医生、律师等专业人士，说话有分量，同样会影响双方的谈判力量的对比。

8. 客户关系

你得到客户高层、技术或使用部门的认可了吗？有人帮你说话吗？当你搞定了技术或使用部门，似乎只有你能满足其技术和生产的要求，采购部门就无计可施。

我们用一个例子来对八个因素进行分析和说明：

辽宁营口化工厂是一家生产三氧化二硼的厂家，是一家民营企业，除了生产三氧化二硼外，还经营有船务公司等物流运营企业，三氧化二硼的产量可以达到月产1500吨的水平。

三氧化二硼在国内仅有辽宁营口、丹东凤城和西藏三地厂家可以生产，因为西藏的地理位置较远，运输成本较高，辽宁营口化工厂的直接竞争对手只有丹东凤城的化工厂。丹东凤城的三氧化二硼化工厂产品的主要特点是价格比辽宁营口化工厂的低，但产品尚未获得国标认证，而且产量低。辽宁营口化工厂有两个生产基地，生产能力、交货期、售后服务比丹东凤城化工厂好。

广东FY公司需要三氧化二硼1000吨，FY公司也是一家民营企业，老板是于总，性格较为强势，负责技术的是朱工。辽宁营口化工厂的第一次报价是2500元/吨，竞争对手丹东凤城化工厂的报价是2450元/吨。辽宁营口化工厂的销售科长和销售人员通过广东FY公司负责技术的朱工牵线，与于总进行了洽谈，首先谈了交货期的问题，辽宁营口化工厂表示自己有两个生产基地，月产量可以达到1500吨，交货期没有问题。

谈到价格时，广东FY公司说此次采购量巨大，要求在每吨2500元的基础上再给予下浮。辽宁营口化工厂的销售科长表示以前双方进行了长期的合作，价格都是每吨2600元，因为此次采购量较大，已经降到了每吨2500元。虽然丹东凤城化工厂的报价是2450元，但他们的产品尚未经过国标认证，他们的生产能力也没有辽宁营口化工厂的好，因此不同意再降价。广东FY公司的于总对价格谈判的结果不太满意。

一周后，广东FY公司的朱工请辽宁营口化工厂的销售人员吃饭，期间也谈到运输是不是有问题，因为当时的海运非常困难，需要排队。销售人员回答："老板还有一家船务公司，运输不成问题，可以保证交货期。"朱工提出："丹东凤城化工厂的产品质量可以达到96%，希望辽宁营口化工厂的产品质量在现有95%的基础上再提高一个百分点达到96%。辽宁三氧化二硼产品的质量提高一个百分点需要做出很大的努力，生产工艺的难度很大。"因此，销售人员既没有答应也没有拒绝对方的要求，说需要向公司的老板汇报，由老板决定是否满足广东FY公司的要求。

销售人员回到公司后向老板进行了汇报，老板同意把现有三氧化二硼的质量提高一个百分点，达到96%的合格率。在辽宁营口化工厂保证交货期和合格率达到96%之后，广东FY公司通过传真签订了购货合同。

针对这个案例，我们进一步解释影响谈判实力的八个因素，如表1－2所示。

表 1－2　进一步解释影响谈判实力的八个因素

1	交易的重要性	广东 FY 公司没有替代方案，一家供应商地理位置较远，运输成本较高；另一家供应商的产品尚未获得国标认证，而且产量低。很显然，辽宁营口化工厂略胜一筹
2	需求满足状况	辽宁营口化工厂具有物流、生产能力和服务的优势，有谈判实力
3	竞争状况	辽宁营口化工厂的产品质量好，但毕竟是同质化原材料，没有价格优势，广东 FY 公司和辽宁营口化工厂的谈判优势旗鼓相当
4	交易信息的了解	辽宁营口化工厂信息收集不力，似乎没有注意到广东 FY 公司对运输和交货期的关注，背后的原因是什么？也没有证实朱工提出辽宁丹东凤城化工厂的产品质量可以达到 96% 信息的真实性
5	品牌和实力状况	1000 吨三氧化二硼采购量，使得广东 FY 公司具备更强的谈判实力
6	对谈判时间限制	广东 FY 公司更关注运输和交货期，这是辽宁营口化工厂的优势，使其具备更强的谈判实力
7	谈判者的专业度	广东 FY 公司的谈判能力更强，从谈判开始，我们注意到于总最关注的是产能、运输和品质，价格并不是最重要的因素。但于总采用了“声东击西”和“除非交换绝不让步”的谈判策略，先抛出降价要求，并以此换取交货时间和品质的提升
8	客户关系	广东 FY 公司更善于与谈判对方联络感情

通过以上案例分析，辽宁营口化工厂在需求满足状况、交易的重要性、对谈判时间限制方面具备优势；而广东 FY 公司在交易信息的了解、品牌和实力状况、谈判者的专业度、客户关系方面更有优势。双方的实力旗鼓相当，但辽宁营口化工厂并没有有效地利用自己的实力而在实际谈判中处于下风。

二、谈判实力的特点

谈判实力既包括客观实力——竞争状况、品牌和实力状况，也包括主观实力——交易的重要性、需求满足状况、交易信息的了解、对谈判时间限制、谈判者的专业度、客户关系。客观实力只能影响，短时间无法改变，可以被改变并有所作为的是主观实力。

谈判实力不是绝对力量，而是相对力量，它只有针对某一特定的谈判对手，不同的谈判对象力量对比会发生变化。例如与大公司谈判还是与小公司谈判是不同的；与同质化产品供应商谈判、与有技术含量专利产品的供应商谈判也是不同的。

谈判实力是动态变化的，谈判者可能在此时实力强于对手，当外部、内部环境发生变化的时候，彼时实力又可能弱于对手。在物资短期的年代，卖方占优势。我记得小的时候，自行车、电冰箱有钱也是买不到的，都是凭票供应的。我结婚买了一套家具是掉漆的，商家也不给换，爱要不要，因为只有一套。这与如今物资过剩，商家想方设法巴结消费者的情况相反。

谈判者要懂得实力展示的方式和时机，要尽可能向对方展示自己的优势，不可将自己的劣势轻易泄露给对方。例如买方临时订单要紧急采购，一般不会一开始就告诉对方货要得急，也不会告诉对方其实只有你们一家供应商。

最后对本节做个总结：谈判的本质是实力的角逐，实力强的一方在谈判中更容易占得先机。影响谈判实力的因素主要有以下八个：交易的重要性、需求满足状况、竞争状况、交易信息的了解、品牌和实力状况、对谈判时间限制、谈判者的专业度、客户关系。谈判实力具有以下特点：客观和主观性、相对性、动态性、展示的公开和隐蔽性。

第二章
赢得谈判的 8 +1 策略

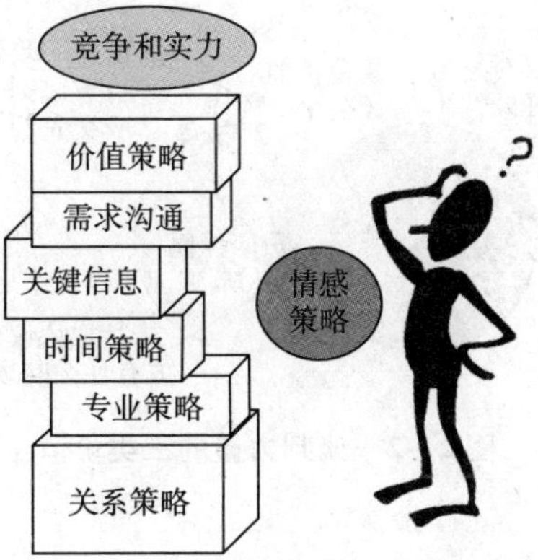

图2－1　赢得谈判的8＋1策略

第一节　改变谈判力量的三类价值

销售人员可以在与客户的谈判中采用价值策略、需求沟通策略、关键信息策略、时间策略、专业策略、关系策略，以改变谈判双方主观实力的力量对比，从而在谈判中获得优势地位。

赢得谈判优势的第一个策略是价值策略。改变与客户谈判力量对比有三种价值，分别是正向价值、负向价值、规范价值。正向价值是达成协议对客户有什么好处，体现的是“利”；负向价值是未达成协议对客户有什么麻烦，体现的是“弊”；规范价值不是“利弊”，而是“是非”，在谈判中，受法律、政策与规范所限，必须这么做，被行业惯例的影响及你在之前谈判中获得的先例，大家都这么干，体现的是“公平”。如图2－2所示。

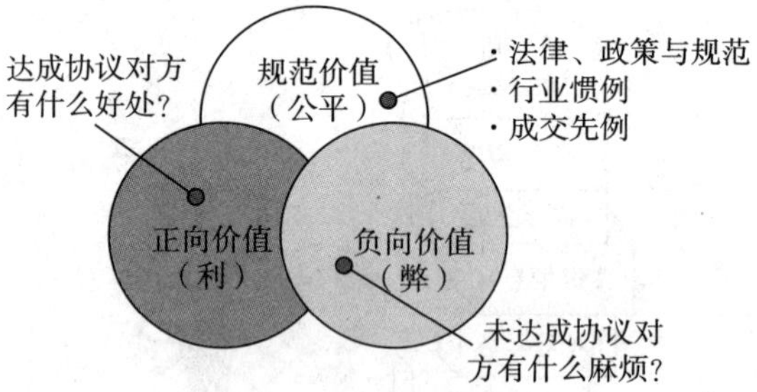

图 2－2　谈判力量的三类价值

一、正向价值

正向价值说到底就是给客户带来的价值。我们经常听到客户这么对销售人员说：“要我买你的东西可以，请给我一个理由?”理由是什么?理由就是给客户带来的价值，可是销售人员除了价格以外说不出其他理由，所以只能降价。客户价值 =（产品价值 + 销售人员价值）－（货币成本 + 使用成本 + 时间成本 + 精力成本）。客户价值绝对值越大，销售人员在谈判中的实力越强，如图 2－3 所示。

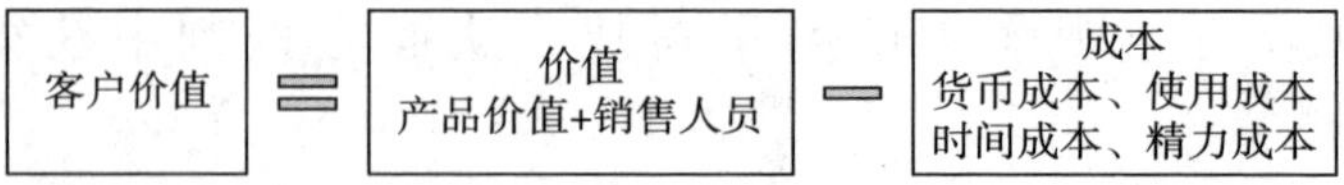

图 2－3　客户价值公式

1. 产品价值

介绍产品价值的 FAB 法：产品的特征、优势和给客户带来的利益，这里就不做进一步阐述了。我们要强调的是大部分的产品利益是可以用数字来量化的：投资回报率、利润增加、成本下降、效率提高。数字对客户的说服力大，但最理想的还是将数字全部转化为“钱”来计算。产品性能所带来的好处越明显越具体，购买者越有可能选择你的产品而不是竞争对手的产品。

我们的清水泵是立式结构，比竞争对手的卧式结构泵贵不到1万元，但节省占地面积50%，一套水泵机组至少有四台泵和管线组成，立式结构占地面积相比卧式结构至少节省两个车位的面积。在城市的繁华地段，一个车位至少要卖30万元，两个车位就是60万元。因此，你采用我的水泵，能帮你多挣60万元。请问，当你这么说的时候客户还好意思跟你谈价格吗？

很遗憾，销售人员也被训练给客户讲特征、优势、利益，但最多说到提高效率、降低成本这个阶段，具体提高多少、降低多少，再往下究竟能省多少钱就不说了。相反，客户跟你谈价格倒是很具体，这也是我们在跟客户价格谈判的时候失败的原因。你可能说客户对你的数字或“钱”不认可，没关系，只要你们开始谈价值而不是价格时，你就在谈判中赢了第一局了。如图2-4所示。

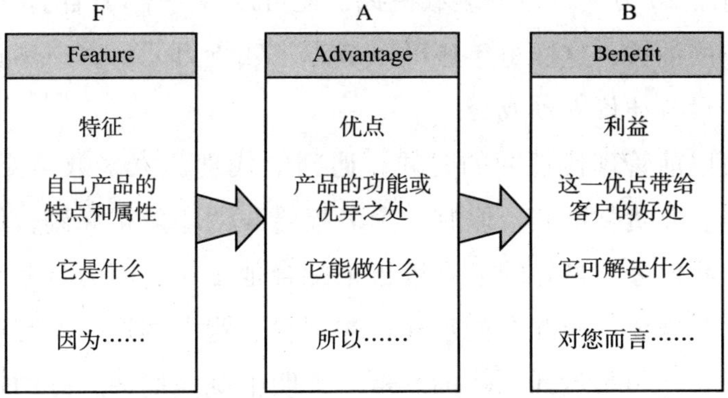

图2-4　FAB法则

2. 销售人员个人价值

如果产品本身是标准化、同质化，客户认定价值不是来自产品本身，而是来自销售过程创造的价值，如何销售比销售什么更重要，你给客户什么样的体验比你销售的产品本身更重要。美国销售执行委员会有个调查的统计，对客户忠诚度的贡献率中，与销售接触的体验和感受占到了53%。因此，你需要通过为客户创造产品以外的价值来规避价格的竞争。但这对销售人员的素质提出了更高的要求，销售人员除了形象，工作的细节也一定要体现专业性，从预约客户、着装打扮、待人接物到结束拜访前对会谈内容确认、结束以后给客户发一个感谢短信等都给客户带来良好的体验。销售人员需要从产品销售和关系销售向顾问式销售和解决方案销售进行转变。

某焦化厂客户计划购买装载机，但要求配3.3方斗。50型号是3方斗，60型号配3.3方斗，但60型号的价格比50型号的贵了将近一倍。客户原打算买两台50型号的，销售人员向客户建议：买两台50型号也要50多万元，我们有款加强型50型号可以配4方斗，单车贵一些，但一台装载机的工作效率相当于一台半，不但省了20万元一台的装载机钱，还可以省一个司机的钱，外加一辆车的油钱，这样每年还可以节省三四十万元。客户感觉很有道理，没有还价立刻成交。

我以前管理代理商的时候，遇到的代理商大多数是要政策、要价格、要货款铺底。但有一个老板给我的印象很深刻，他指明要一个我们公司最好的王牌销售来配合他工作，因为行业客户里面有很多需要厂家配合的工作，跑项目、跑大客户，没有厂家参与和配合是很难展开工作的。事实证明他确实聪明，好的销售人员能够帮客户挣更多的钱，而且他能告诉你应该怎么挣钱。有了销量和业绩作为后盾，那么所谓的政策和条件都不在话下，这位老板很清楚地知道一个好的销售人员对他的价值。

3. 客户付出的成本

根据客户价值等式，除了增加产品价值和销售人员的价值，降低客户成本同样也可以提升客户价值，客户成本除了货币成本，还包括使用成本、时间成本、精力成本。当客户从供应商的身上找不到可以提供的价值，也没有可以降低其成本的其他方法时，要求降价就成为他们唯一的选择。因此，提供更多的降低成本的方法也可以提升正向价值。

当客户只关注价格不关注使用成本的时候，你可以这么说："您说得对，价格确实是必须要考虑的重要因素，如果考虑到中央空调的使用寿命几乎和建筑一样长，中央空调的使用成本——可靠性、能耗、维修保养的成本都是应该考虑的因素，您说是吧？"

让客户关注时间成本这么说："工程机械是咱们矿山的主要生产设备，设备的稳定性关系到企业的生产效率，现在煤价上涨，设备停工一天损失的都是企业的利润啊！开滦煤矿自从采用了我们的矿山设备，设备平均无故障工作时间达到9000小时，生产效率提高23.5%。"

为客户进行产品选型与系统集成，降低客户的精力成本。

某客户在内蒙古通辽地区经营着多个钼矿、铅锌矿。2017年3月，客户提出设备购买需求，并简单表述了施工现场的工况，要求合理选型并报价。在确定需要购买一台25T左右的挖掘机和两台50加长臂的装载机后，我进行了初次报价。与此同时，客户也向某外资品牌在当地的代理商和某二线国内品牌展开询价。报价出来后，外资品牌价钱偏高，客户不予考虑。某二线国内品牌价钱比我公司报价低出了17万元左右，成了我公司的重点竞争对象。

我了解到：客户矿上有两台2005年左右的旧装载机，计划改装以后用于破碎矿石。在知道这个情况以后，我向客户建议：改装后装载机臂太短，不实用，并且改装费用太高，建议用两台旧50装载机置换我们的926E挖掘机，购买一台二手915D和一把钎杆100的破碎锤，加上两台855N加长臂装载机打包，以全款方式购买。客户听了以后非常满意，觉得既合理地处理矿上的两台破旧装载机，把装载机变成了现钱，又省去了改装的费用，也满足了破碎矿石的需求。最终选择了和我公司合作，在价格上我们也没有做太多的让步。

二、负向价值

有一个专为可口可乐、百事可乐公司做糖浆配套的企业，因为感觉合作的物流公司价格太高，所以他们进行公开招标，最后选择了一家报价比较低的物流公司合作。但是一个月后，这家企业就收到了可口可乐的罚款通知，因为可口可乐对物流公司的送货要求非常严格，最终发现由于新的物流公司不专业行为所造成的损失，成本要比原来的物流公司更高，这还没有算上间接的损失。

人都是趋利避害的，但损失要比同样多的收益对我们的影响更大。获得100元的快乐无法弥补丢失100元的痛苦。和收益相比，人们更重视损失。因此，除了向客户说明正向价值，还要向客户陈述可能的负向价值，就是不从你这里购买，可能给客户带来的风险。

客户采购谈判的目的：除了降低成本、保证质量、良好服务，还有一个重要目的就是降低风险——延期交货、等待时间太长、故障、错误、停机。销售人员要向客户提示购买中潜在和隐蔽的风险：新品牌质量的不确定性、转换供应商风险、关键设备运行不良连锁反应可能给客户带来的后果和影响。

当关键设备运行不良可能给客户带来的后果和影响，你这么对客户说："这是整个生产线很关键的设备，万一出现问题，可能得关闭生产线，花上几周时间维修甚至重新换掉设备，影响就太大了。”

除了企业风险，你也可以提示个人风险：“这个价格我们确实做不了，不过我们能保证有充足的货源（言下之意，友商有价无货）；我们能保证合同期内价格不变（言下之意，友商可能下个月涨价）；我们能保证给客户价格的一致性（言下之意，我们一视同仁），如果哪一天你的领导发现旁边那家的价格比你的还低，领导会怎么想?”

IBM 的销售人员向客户保证：我们的价格确实贵，但买了我们的产品你可以高枕无忧。这说明他们的产品质量过硬，即使有问题，你的领导也不会怪罪你，没有任何个人风险，因为你已经买了最好的品牌。如图 2－5 所示。

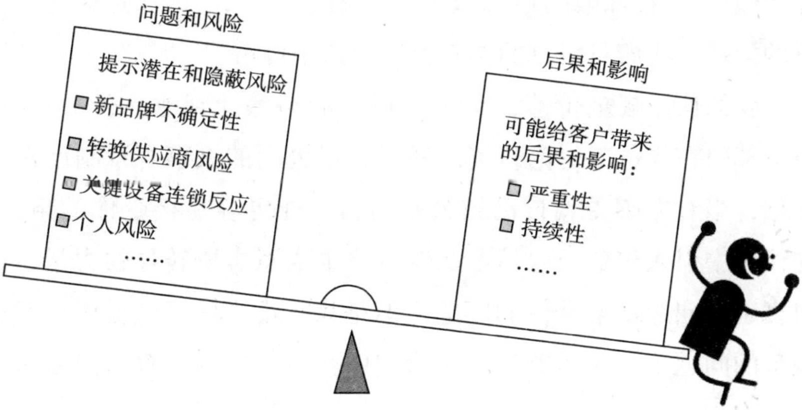

图 2－5　负向价值

当然，客户也经常用这招，我以前代表厂家与代理商谈合作时，对方跟我说：“这个区域你们厂家只有跟我合作，因为我销量大、客户多，我的市场铺面位置最好最大，找其他人做一定做死。”不跟他合作有风险，其实就是想在谈判中占据更有利的位置。

三、规范价值

规范价值就是客户感觉被公平地对待。常见的就是法律，毫无疑问法律是公平的；政策与规范也是不受任何一方意志转移的规范，例如当客户以其他供应商的价格来施压的时候，你以对方产品环保有可能不达标为理由拒绝让步；客户要求赊账，你以行业中的惯例，大家都是现款现货没有例外予以拒绝；以格式合同是统一标准为理由不能修改坚持你的要求；还可以拿出你在之前的谈判中的合同条款先例，例如当客户坐在你的面前逼迫你让价的时候，你可以非常淡定地拿出合同说："王总，你看这是张总在不久前跟我们签订的合同，30 万元，所以今天我给您的要价也是 30 万元，在保障品质和服务质量的前提下，30 万元是我们最低的价格，我们对所有的客户都开出这个价格。"

我们使用规范价值，是希望对方能够感受到他被公平对待。人事部门在与员工讨论薪资问题时，以公司的人事规章制度作为依据，当对方感受到自己被公平对待，他更容易接受你的条件。在谈判中引入规范，这是不以双方当事人意志所转移的力量，这时真正的问题就不是你的问题，不是我在难为你不愿妥协，而是规范的问题了。这样更容易在谈判中获得客户的谅解，说服对方做出让步。

我们简单总结一下，本节谈了改变谈判力量对比的三种价值，分别是正向价值、负向价值、规范价值。当我们在影响、说服别人的时候，不仅可以调动利和弊之间的比较，影响对方的决策，还可以使用"是非"的标准来说服对方达成共识。

第二节　占得谈判先机的需求沟通

赢得谈判优势的第二个策略是需求沟通策略，需求是谈判的基础，没有需求就不存在谈判。当客户的采购条件几乎所有的供应商都可以满足，优势就在客户一边。反之，只有你可以满足其供应商的需求，你就有谈判的优势了。大客户销售人员应先于友商拜访客户；先于友商与客户进行技术交流；先于友商与客户进行商务沟通，就是为了先入为主，引导客户的需求，制定有利于我方的方案和标准，从而在未来的谈判中占据战略制高点，达到不战而屈人之兵的目的。

根据需求冰山理论，不同客户对自身需求的了解程度是不同的，首先是处于冰山上部的显性需求：客户清楚地知道自己需要什么，采购标准非常明确（采用什么品牌、产品型号、需要什么服务），或者采购标准模糊客户还在不断完善中；其次是冰山下部的隐性需求阶段：客户对自身的需求不清楚，但客户有要实现的目标、存在的问题，但他们找不到解决的办法；冰山最底层的需求是个人动机和情感动机：采购者个人要感到安全、上级肯定、成就感、受尊重、权力、金钱等。接下来我们针对不同需求层次的客户，介绍如何改变谈判双方实力对比的策略和技巧。如图2-6所示。

一、客户采购标准非常明确，大家都能满足客户的需求

我们碰到的大部分是这种状况，供应商的产品同质化，大家都能满足客户的显性需求，通常大家的做法是拼价格，怎么办呢？看看是否有通过挖掘隐性需求建立差异化优势的机会，通过

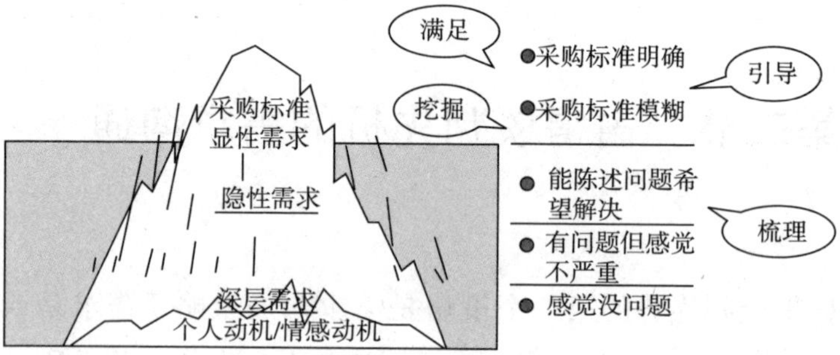

图 2－6　需求冰山理论

提出差异化的解决方案，提供附加价值与友商拉开距离，避免价格竞争。

销售人员：“赵经理，您对挖机还有哪些要求？”

赵经理：“除了质量好，主要是安全。”

销售人员：“您说的安全具体是指？”

赵经理：“主要是指操作人员的人身安全，驾驶室必须足够坚固。”

销售人员：“赵经理对安全这么关注有特别原因吗？”

赵经理：“去年一个项目部的机手在操作挖机时被石头砸了，今年领导对项目部生产安全非常重视，一定不能出现重大人身安全事故，否则我们都有麻烦了……”

销售人员：“理解，安全确实是大问题，驾驶室分为三种保护——防落物、防倾翻、防翻滚。我们的 E 系列挖机可以同时满足防落物、防倾翻、防翻滚三种要求，而且也是国内首家满足防翻滚要求的驾驶室。我们还可以提供挖机手安全操作培训和安全逃生培训，这是对用户安全的最有力的保障。”

赵经理：“太好了……”

点评：请注意，销售人员并没有简单地满足客户需求，而是通过挖掘隐性需求和深层需求——“一定不能出现重大人身安全事故，否则我们都有麻烦了”，提出差异化的解决方案——“操作培训和安全逃生培训”，提供附加价值与友商拉开距离。

二、客户采购标准非常明确，但你无法满足客户需求

客户说：“你的东西太贵了。”碰到这种情况，销售人员第一反应是说性价比高、品牌名气大、成功案例多，这样你与客户就形成了一种对抗，进入控辩双方的交锋，但客户是裁判你不可能赢，最后的结局就是销售人员直接亮出价格举手投降。正确的做法是对客户需求重新排序，例如说服客户从长远来看，使用成本、设备稳定和能耗等比购买成本更应该被考虑，也可以了解客户冰山下的隐性需求，再提出新的解决方案。

有一个国营的矿山项目，我与矿领导沟通后，对方说知道我们的产品很好，但预算有限，只能买国产的设备。当我了解了该项目的工况条件和生产规模后，我知道按照恶劣的工况条件和生产规模，这批设备运行不到三年就有可能要大修、换发动机，液压系统也可能出问题，事后损失会很大。我也了解到该矿领导上任第一年，特别提醒了“不到三年”，相信那个时候该领导还在任上。同时，我也强调矿山机械设备的稳定可靠和效率是最重要的，按照目前矿石的价格，停工一天损失很大。于是与矿领导沟通以目前的购机款作为首付，为其设计了融资租赁的方案，最后成功成交。

点评：通过了解客户的工况条件和生产规模，客户的个人情况——“领导刚上任的第一年”，挖掘客户的痛点（隐性需求和深层需求），从而提出可行、合理的解决方案，避免价格的博弈。如果还是无法说服对方，这类客户应果断放弃。

三、客户的采购标准模糊，客户有初步采购标准

这意味着客户还没有形成完整的价值评价体系，没有坚定的

想法。通过了解客户的隐性需求：工况条件、存在的问题和要实现的目标等，引导客户重构采购标准，使其显性需求接近你的产品优势，建立未来的谈判制高点。

在我的职业生涯中，我做过成熟大品牌的代理商管理，也做过新品牌和小品牌的代理商管理，前者在与代理商合作谈判中一般处于比较有利的位置，但小品牌和新品牌怎么与代理商谈合作呢？我一般是这么说的："张总，无论是大品牌还是新品牌，挣钱才是硬道理，对吗？"对方点点头，"虽然说大品牌出货量大，但是不挣钱是给厂家打工，代理我的产品毛利率高且每年至少有30%的增长；大品牌发展代理商是无底线的，但我们会给你区域保护，甚至可以让你做独家，你的市场投入有多少回报就有多少，利益是有保证的；做新品牌还有一个好处就是价格不透明，可以让你的毛利率更高。再说你现在同类产品里已经有几个走量的成熟品牌，更需要我们这类新品牌来为你带来利润，你说是吧？"

点评：通过提醒客户无论是成熟品牌还是新品牌，挣钱才是隐性需求。通过分析利弊，为客户重新设定了选择合作厂家的标准：利润高、发展潜力大、区域保护、价格不透明。不但可以说服代理商展开合作，而且因为你有独一无二的优势满足对方的需求，也为未来的双方谈判建立了制高点。

四、客户感觉有问题，但不知道如何解决

比如客户成本太高、效率低下、质量不稳定等，处于隐性需求阶段。销售人员提醒客户存在的问题，以有针对性的解决方案帮助客户解决问题。当客户处于冰山以下，其价格敏感度下降、竞争者数量也在减少，但对销售人员的要求更高，要理解客户的业务和生产运营的模式，能洞察客户存在的问题，并据此提出系

统的解决方案，从而为客户创造价值以规避同质化产品价格的竞争。

福特汽车曾经遇到这样的问题：要想确保汽车的涂装质量，就需要购买大品牌的油漆，但大牌油漆价格高自然采购成本也高。福特汽车的采购人员为了降低成本，就要与油漆供应商进行艰苦的谈判。但在福特汽车的车间现场，油漆喷涂浪费非常严重，约30%的油漆没有喷涂在汽车上，而是直接排到废气或废水中。加上处理废气废水的成本，使得汽车的涂装成本进一步提高。

福特汽车的供应商之一杜邦公司的客户经理发现，与其就质量和价格与福特进行艰苦的谈判，倒不如考虑如何帮助福特降低成本，福特所需要的其实不是产品本身（油漆），而是以最低的成本、最快的速度实现最佳的表面涂装效果。杜邦技术人员观察、研究后发现，影响涂装效果的因素除了产品质量，涂装工艺的控制、现场操作、质检、瑕疵修补等因素也很重要。杜邦技术团队于是与福特的技术团队一起，设计了降低成本、提高质量的整体解决方案。

产品：利用杜邦的技术研发优势寻找高质量、低成本、低喷涂量的产品。

服务：利用杜邦的技术优势，提供现场支持，从配料、工艺优化、人员培训、现场管理、油漆回收等方面帮助福特提高生产效率，降低油漆损耗，保证涂装质量。

定价：根据喷涂汽车数量而非油漆使用量收费。

结果这个方案大获成功，从1996年实施以来，福特已减少35%~40%的表面处理成本。由于油漆使用效率提升，挥发性有机化合物排放量已减少50%，进而减少废气及废水的排放成本。而杜邦每加仑油漆的利润在实施计划的前两年年均增加8%，而在第三年增加了 4.5%。杜邦成为福特汽车最主要的油漆供应商，提供北美洲 18 个厂中 11 家的油漆，占区域总使用量的 50%。提高了竞争门槛，并维持其在福特的长期市场占有率。

点评：如果福特与杜邦就质量和价格谈判，这仅仅是在冰山以上层面的竞争，这是零和谈判，无非是杜邦吃亏一点，福特多赚一点而已。但是杜邦从客户的问题出发，通过解决客户冰山以下的问题（最低的成本和最佳的涂装效果），通过有想象力的解决方案，规避了价格竞争，最终实现了双赢。你有没有发现在这个案例里已经没有谈判，也没有了优势和劣势之分了，有的只是合作和双赢。

如果说客户冰山以上的需求体现了如何采购，冰山以下的需求体现了客户为什么采购，而冰山最底层的深层需求就体现了要采购哪一家的问题。采购者的个人动机包括想获得上司的好评，想把所做的事说成很重要，想保住饭碗，想升迁，想满足一下私欲却又不触犯规章，想避免不安，想赶快结束谈判，想树立自己诚实、公正、负责等好形象。采购者压低供应商的价格，是要获得领导的表扬，或者是证明自己是清白的，证明的办法就是价格最低。冰山上的采购条件好发现难满足，冰山以下的个人动机难发现但好满足，如果了解到对方的个人动机，提前布局建立关系，同样能在谈判中建立竞争优势。

采购当事人除了个人动机还有情感动机，同样可以对谈判的当事人造成影响。王石用过一款数码相机，他非常喜欢这部相机。一次海上帆船运动，这款相机被海水浸湿而损坏，王石托朋友送到制造厂家维修。信息反馈回来，电子部分全部烧毁，修复费用××万日元。王石一听，修复的费用几乎是一部市面零售机器的价钱，就告诉朋友转告厂家不修了，再买一部新的。一个月过去，王石在上海见到这位朋友，朋友面有难色地说，受维修那部机器的师傅之托，建议还是修复那台损坏的相机。师傅说：“这台机器是有生命的，损坏了就像人得了病，修好了继续使用，还可以让它的生命延续，就这样放弃太可惜了。”王石说：“明白了。你跟师傅说‘修’。”王石认为：对待一部损坏的相机，这位维修师傅并不是从维修成本去权衡是修还是更换，而是把它看成有生命的物体，打动王石的是情感动机。

最后对本节做个总结，需求满足状况是一种谈判实力，针对客户采购标准非常明确（能满足、无法满足）、客户采购标准模糊、客户不知道如何解决问题三个层次，采取引导、挖掘和梳理的沟通策略，建立先入为主的影响力，使你的产品和方案更加符合客户的需求。设想一下，当销售做了这样的前期铺垫，就能大大提升其与客户谈判的实力，成交就可以在谈判开始前结束。深刻洞察对方的个人动机和情感动机，同样可以影响谈判的当事人，建立一定的谈判优势。如图2-7所示。

图2-7　建立先入为主的影响力

第三节　赢得谈判优势的关键信息

赢得谈判优势的第三个策略是关键信息策略，在信息不对称的情况下，掌握有效信息更多的一方，常常具有相对优势，并可以利用这个优势在谈判中获利。掌握有价值的、权威的信息能给谈判对手带来沉重的压力，从而达到有效说服对方的目的。高质量的信息就是竞争力，可以使得你在谈判中占得先机并增强谈判的实力。

首先，我们阐述谈判需要的关键信息，如图 2－8 所示。

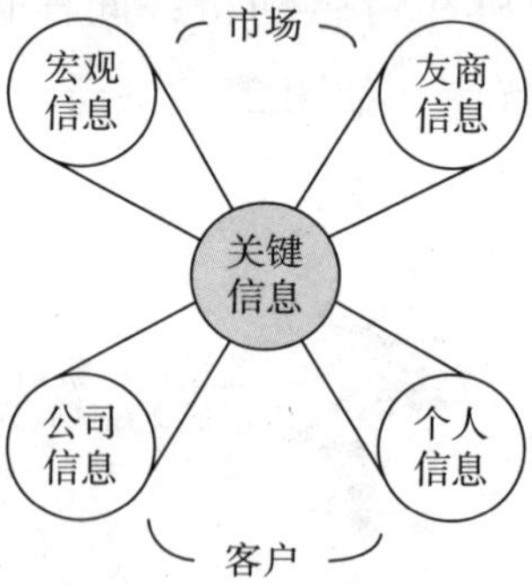

图 2－8　四类关键信息

一是市场信息。

宏观信息：经济环境、行业趋势、市场行情等。

友商信息：友商产品特点、价格和成交条件、用户评价等。

二是客户信息。

公司信息：公司类型、组织结构、采购背景、信用状况、目标和底线、可交换条件、优势劣势等。

个人信息：姓名、角色、头衔和地位、立场、个人偏好、谈判风格等。

案例一：某冶金公司要向美国购买一套先进的组合炉，派谈判小组与美商谈判。为了不负使命，谈判小组行前做了充分的准备工作，他们查找了大量的有关冶炼组合炉的资料，花了很多精力了解国际市场上组合炉的行情及这家公司的现状、经营情况等。谈判开始，美商一开口要价230万美元，经过讨价还价压到130万美元，中方仍然不同意，坚持出价100万美元。美商表示不愿继续谈下去了，说："我们已经做了这么大的让步，贵公司仍不能合作，看来你们没有诚意，这笔生意就算了，明天我们回国了。"美商真的走了，冶金公司的上级有些着急，谈判小组说："放心吧，他们会回来的。同样的设备，去年他们卖给法国公司只有95万美元，国际市场上这种设备的价格100万美元是正常的。"果然不出所料，一周后美商又回来继续谈判了。谈判小组向美商点明了他们与法国公司的成交价格，美商愣住了，不敢再报虚价，只得说："现在物价上涨的利害，比不了去年。"谈判小组说："每年物价上涨指数没有超过6%。"美商在事实面前不得不让步，最终以101万美元达成了这笔交易。正是因为谈判小组掌握了产品的行情及客户的经营情况才使得谈判取得了理想的结果。

案例二：有一家民企要采购两台数控机床，在销售与对方生产主管需求沟通中对方无意透露：老板最近接了一个海外大单，已经签了合同，无奈现有的设备达不到对方的精度要求，因此，购买数控机床是刚需。这就导致供应商在报价上更加胸有成竹，因为数控机床生产企业是"订单生产"，一般不会有存货，正常的生产周期在60天左右，除非有现货，在短时间内市场上只有他们能满足客户的需求。由于了解了客户的采购背景，销售人员信心满满与对方老板展开谈判，最终以有利的条件达成协议。

案例三：在谈判中由于销售人员不了解对方的决策地位，导致与客户非决策人谈判，从采购、采购主管、采购总监，最后才是老板出场，层层压价，销售人员不断让步，导致最后订单无利可图的案例也屡见不鲜。我的亲身经历：曾经有一个国企的改造项目的谈判，对方的主谈是一位特别厉害的处长，我们和对方前前后后谈了一个多月，最后处长说："行，也差不多了，你们也表现出最大的诚意了，就这样吧。"那天中午我们很高兴，几个人还破例喝了一点酒庆祝。下午准备去跟客户辞行的时候，处长又来了一句，"陆总，你能上楼和我一起给我们领导做一个汇报吗？把今天交流的情况跟他说一下。"我说："可以。"没多想就跟他上楼了。他说的领导是他们的集团财务副总裁，他看了报价只说了一句话："能不能再降 20 万元？"我当时愣住没说话，对方是一个大领导也不好意思拒绝。他一看我犹豫，又说："要不你们再回去商量商量？"庆功酒都喝了，没办法，一咬牙又降了 20 万元。

其次，关键信息收集的手段。

信息也可以分成公开信息和私密信息。公开信息是客户愿意公开的信息，通过上市公司年报、公司网站、公开招标等途径获得，获得信息的难度不大。公开信息包括宏观信息、友商产品特点、用户评价、客户设计方案、设备与材料清单、技术说明、招标文件等。而私密信息获得的难度比较大，但信息的质量也比较高，包括决策流程和规则、决策人、预算、友商报价等。私密信息可以起到扭转乾坤的作用，获得这些信息需要有一些特殊渠道和手段。有一家企业邀请对方来办公室谈判，结果双方在价格上争执不下，双方决定暂时休会隔天再谈。当对方从 15 楼乘电梯下行时，这家企业在 13 楼派一个人进入电梯，与对方同乘一部电梯，终于获得了对方关键的信息：价格底线。

信息收集有三个途径：当面沟通、网络搜寻、线人沟通。

一、当面沟通

小李是一家电子元器件公司的销售人员，每次出去谈判，他都提前到达谈判现场，与客户生产部的员工聊天。一次谈判前小李去车间与一位领班聊天，领班告诉小李："我们用过很多供应商的产品，只有你们的产品最符合我们的要求。你们什么时候可以供货，我们产品的存货快用完了。"接下来的谈判，小李就占据了制高点。

当面沟通可以获得公开信息，也可以是私密信息，客户主动告诉你的是公开信息，与客户沟通中对方无意透露的也可能是私密信息，有些私密信息是需要一定的沟通技巧。前期可以问预算，后期直接问底价。前期问预算判断他是否买得起你的产品。如果客户不愿意回答，你可以这么说："我理解，不过，对您的预算有一定的了解，可以帮助我们为您量身定制方案，有些功能可以简化，您说呢？"后期探索对方底线："能否告诉我，您可以接受的价格是多少呢？"即使客户虚假回答或给一个很低的还价，也可以作为与对方谈判一个价格基准点，你至少知道客户可接受的价格范围。

当要了解对方的决策地位时，前期你可以这么说："项目的进展情况可否随时向您汇报？"或者"假如您关心的问题都解决了，是否还需要其他部门审核？"对方也许会回答："这么重要的采购还需要董事会讨论。"那你在谈判中一定要留有余地；后期谈判中你可以抬举买主："这点小事您当然能做主啦，不需要再请示，对吧？"如果对方碍于面子说他能决定，那就可以避免日后他以需要向领导汇报作为托词了。

二、网络搜寻

收集信息除了面对面沟通，还可以通过网络百度搜索。只要动动手指输入几个关键词，就能获得很多有用的市场信息：从政府招标网站、企业网站、上市公司年报可以获得有价值的客户信息；还可以加入销售同行的微信群，也是获得客户信息的一个重要途径，例如非竞争同行水泵和阀门、卫生洁具和瓷砖、电梯和中央空调；加上客户的微信号，能获得很多客户的个人信息，通过参阅对方的朋友圈，可以获得其日常生活信息的动态记录。

我以前手下有个销售人员，从客户朋友圈里知道客户的小孩正在准备中考，她是个有心人，只要涉及关于中考的文章，她都会整理后转发给客户，但客户从来不回她的信息，一直发到客户的孩子中考结束。结果她的订单不但做成了，而且价格上客户也没有太为难她。我问她："是不是跟你发的文章有关"，她说："我也不确定，因为客户和我正式见面也从不提起。"

三、线人沟通

私密信息一般是从客户的内部称之为线人那里获得，线人的范围可以很广泛，客户基层、门卫、前台等。同时也可以从与客户密切合作的外部组织那里获得信息。私密信息获取的原则是从易到难，从容易相处的人开始切入。至于谁是能与你发展良好关系的内线，就要靠你去观察了，谁对你态度比较和蔼？谁与你一见如故？谁主动为你搬个椅子递杯茶？或者是大学校友、半个老乡都是发展内线的好人选。但对获得的信息最好有多渠道来源交叉验证，另外与线人的沟通必须是单向的，也就是说尽可能获得对方的信息，注意不要透露自己的信息。

笔者有个朋友告诉我，他经历的一个最神秘的内线是客户办公室的助理，因为每次相关会议都是她来速记，全部的合同也是她打印，无疑是掌握情况的内线，不仅对客户内部情况了如指掌，对友商的动向也一清二楚，最终协助他们拿下了一个大单。如图2－9所示。

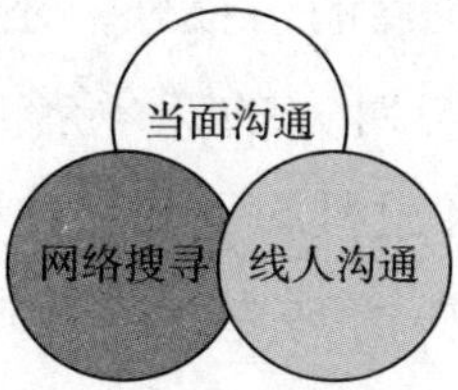

图2－9　信息收集三个途径

前面主要讨论供应商如何在信息不对称的情况下掌握更多的有效信息，并利用这个优势在谈判中获利。客户同样也试图通过获取供应商的情报赢得谈判优势。淘宝和拼多多让消费品的价格比较变得容易，通过客户评价让产品质量、服务的信息也更透明。而大客户是通过货比三家或公开招标的形式来试探供应商的底线，在供应商的不断教育下，结果是花钱的客户最后都变成了产品专家。

某企业要建一环保水处理设备，结果有A、B、C三家承包商来投标。客户仔细地看了三张报价单，发现所提供的反应设备、过滤网、抽水设备、设计和付款条件都不一样，总费用也有差距。于是约三位承包商来公司商谈，A承包商一进门就宣称他的水处理设备造得最好的，优良的水处理设计标准和建造要求都符合，顺便还告诉客户B承包商通常使用陈旧的过滤网，而C承包商有许多烂尾工程。B承包商进来谈，客户从他那里又了解到其他人所提供的水管都是塑胶管，他提供的才是真正的铜管。C承包商告诉客户的是，其他人使用的水处理药剂都是小品牌，而他则是保证质量。通过与三位承包商的沟通，客户基本上弄清楚了水处理设备的设计、设备及三位承包商的基本情况，发现C承包商的价格最低，A承包商的价格居中，而B承包商的质量最好但价格最高。最后他选中了B承包商来建造水处理设备，但用了C承包商的价格。

客户除了要获取供应商的情报外，还会故意用假情报误导供应商。客户做出姿态要与对方的竞争者合作，便能创造谈判权势。有一家客户，IBM和思科均是其潜在供应商，当IBM的销售来拜访，采购员拿出思科的马克杯喝咖啡，而当思科销售来拜访，采购员拿出IBM的马克杯喝咖啡，最后两个供应商互相杀价，客户坐收渔利。

我们对本节做个简单的总结：谈判中掌握信息更多的一方，具有相对优势。与客户谈判有关的关键信息包括市场信息和客户信息。供应商信息收集有三个途径：当面沟通、网络搜寻、线人沟通。而客户也会用货比三家或公开招标的形式来打破信息不对称，获得谈判的优势。

第四节　施加谈判压力的时间策略

赢得谈判优势的第四个策略是施加时间压力，时间因素可以创造谈判压力、紧迫感和危机感，最终影响谈判的结果，但处于弱势的一方应该避免使用。每年淘宝会提醒你距离“双十一”结束还有3个小时、30分钟，过了这个“村”，还要等一年，促使你立刻下单；拍卖师在主持拍卖会时，往往会采取加快拍卖节奏、紧逼买家的方式，其目的在于制造“机不可失，失不再来”的紧迫感。在这种氛围下，竞买人通常都会急切地做出决定；把看房的客户安排在同一个时间段，彼此间隔不超过20分钟，让意向买家们知道彼此的存在，形成竞价氛围。巧妙利用恰当时机也可以获得最好的交易条件，例如突然下雨，地铁口卖的雨伞就会非常畅销，顾客甚至会忽略雨伞的质量。

一、时间压力战术

时间压力三大战术分别是拖延战术、最后要求战术、最后通牒战术。

1. 拖延战术

当时间充裕时，利用时间消耗对手，使对方着急、紧张，给对方制造时间压力，从而让对方放弃立场，形成对我方有利的局面。例如销售人员有业绩需要时、月底年底要冲量压货时，代理商会提出各种条件；当市场不景气时，合同逾期，买方故意不与供应商续签，等待对方主动上门以获得谈判优势。

当客户对你用这招时，要保持清醒和镇定，即使自己真有时间压力，也要临危不乱，让对方相信你“有时间等”。千万不要说“最近业绩很难做，想请你帮个忙”“现在业绩真的很差，你不帮我，我就完蛋了”“这个月我还差两百万元的业绩就能晋升主管，拜托你了”。

某地打算修建一个炼钢厂，当地政府就这一工程实行招标，招标清单中包括一台大型轧钢机。有一位德国制造商的代理人，使尽浑身解数打听到竞争对手的报价单，如果他能提出一个比最低的报价还少5%的报价，就有可能得到订单。

德国公司的代理人面对颇具吸引力却又难做的生意，迟迟没有做决定。随着工程进度的加快，失去订单的危险时时威胁着代理人，他不得不一点一滴地削减自己的利润。最后，他提交了一份比其他投标者的最低价大约低10%的报价单。

然而，采购负责人对报来的价位竟然无动于衷，他拒绝接听代理人打来的电话，也拒绝见他。这位代理人感到自己丢了这桩买卖。最后，他又被接见了一次，那位采购负责人对于拖了这么长时间未与之联系表示歉意，并解释根据国家的规定，他必须等到全部报价后进行评审才能做出决定，而最后一份报价在昨天才收到，这张新的报价单比德国公司的报价低2.5%。如果德国公司能把价格再降低3%，他们就能将订单搞定。

当时国际市场上大型轧钢机的销路不好，因为投资太大，许多国家的政府在采购这类设备的计划上也是不断地拖延。既然生意不好做，德国公司只好同意把价格再降低3%。在这个案例里，客户利用的就是拖延战术。

2. 最后要求战术

签订协议之际，对方突然提出增加一点利益。经过漫长而复杂的谈判，大家都筋疲力尽了，大多数人不想破坏即将达成的协议，让前面耗费的时间和努力付诸东流。因此，他们通常会满足对方的要求，处于弱势的一方不想因为最后的小要求而导致谈判破裂，最有可能被说服。例如在快要签约之际，客户提出将保修期从一年延长到三年。如果这个谈判把公司上下都惊动了，最后总经理都被请出山，你会让这次谈判前功尽弃吗？当对方使用最后要求战术，如果只是一个小让步，可以说“是不是除了这个条件，其他问题都已经解决了？如果同意此条件马上能签约吗”来应对，或者主动留一个小让步作为后备。

某次，供应商和客户采购经过艰苦谈判初步达成了交易，只是时间紧张，双方要准备合同文本，供应商还准备邀请采购方出席政府的一场大型招商会上的签字仪式。而当采购方得知这一消息后，提出希望能够把价格再降低5万元。供应商对采购方的这种做法感到气愤，但也无可奈何，只能答应。撇开乘人之危的道德问题不论，采购方采取的是最后要求战术

3. 最后通牒战术

当对方犹豫不决时，给予对方设置底线的时间，让对方尽快做出决定。这种方法在合同将要签约时非常有效，能给对方带来巨大的心理压力，是用外力将对方逼迫到签约的位置。例如采购告诉你可能要离职、公司要收回权限、将有强硬的人参与谈判、老板要出国了再不签就来不及；而供应商能够利用：今天店庆价格有折扣；买方紧急采购，要求交货时间短；利用友商的质量问题、供货不及时等问题提升自己的谈判实力。

谈判者采用这种手段给谈判过程制造紧迫感，甚至是恐慌感。有时他们没有欺骗对手，的确存在其他备选方案，或者最后期限不是说说而已，或者公司下个月确实要涨价。也有可能是在虚张声势，希望你因为惊慌失措而草率达成协议。YES 或 NO，取决于你的判断，这种判断是建立在你对双方优势对比的理解基础之上的。如图2－10所示。

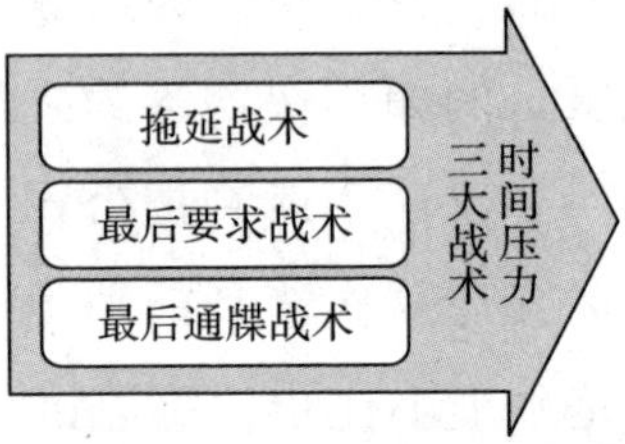

图2-10 时间压力战术

二、谈判节奏把握战术

如果说时间压力三大战术客户采用得更多，以下谈判节奏把握的两大战术供应商使用得更频繁。

1. 优势战术

让客户早做决定，展开谈判，尽快签约。当产品和方案符合客户的标准，具有3：1的压倒性优势，以占优势的价格、产品性能或强势客户关系等直接夺单。采用这种策略的关键是保持优势，扫清合同障碍、推动客户尽快签单，以空间换时间，以免夜长梦多。经常采用的方法：

（1）即时优势法

“张总，因为最近是销售旺季，生产比较紧张，咱们这批货又是非标生产，今天就把合约签了吧，我们也好尽快安排生产，保证在月底出货。”

（2）附加利益法

“张老板，忘了告诉你了，这周厂家推出前50名购车额外获得1000小时的超值服务，名额有限，另外今天订车我们专卖店还额外送你2万元的大礼包。早晚要买，今天就把合同签了吧！”

2. 劣势战术

搅局逆袭，跳过想让你出局的人，延迟谈判，以时间换空间。当你处于劣势即将失去订单，且客户被友商搞定，可以直接找到更高层的领导，提出强有力的理由：不合理价格、方案的缺陷，推迟客户决定。

我之前遇到的一个客户是集团副总，第一次拜访的时候，客户告诉我总包基本定了但是还没招标。然后直奔主题，问技术方面的几个问题和报价，连公司都没让我介绍，就让我和他公司的一位技术负责人对接，我看到技术负责人发给我的图纸对我们非常不利。但业主只要求我根据图纸报价就可以了，不让我们改动设计。

我知道大概率被客户当作备胎，估计客户拿着我们的价格去逼友商公司降价。思前想后：我邀请我们公司技术高手给图纸挑刺，最后总结出方案的8个致命硬伤。然后联系集团的副总，直接说："贵公司提供的方案设计有重大缺陷，这样的图纸我们也没法报价"，同时陈述后果，按照这个设计图实施将带给甲方什么危害。看着副总吃惊的表情，我暗自得意，然后副总就直接找来了技术负责人，决定推倒原来的方案，并邀请我公司参与重新设计。我推迟报价的目的达到了。如图2－11所示。

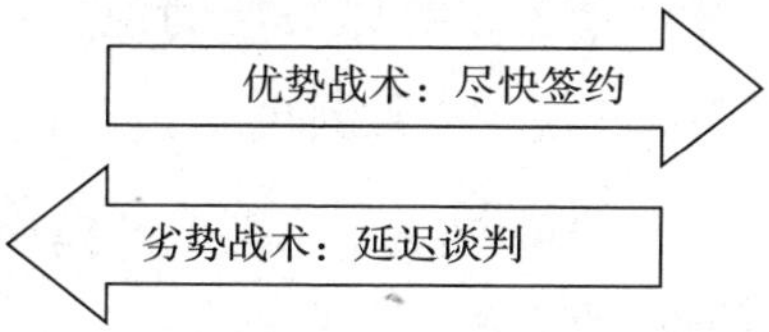

图2－11　节奏把握战术

三、报价的时机

关系不到，价格不报，在没有体现你的价值以前，任何报价都是高的。销售的目标是让客户尽可能认同你的价值，客户有明显的购买欲望了，你的产品是第一候选了，这才能进入谈判和报价阶段。所以，开始最好不报价，客户一定要报价怎么办？给你第二招，你这么说：“领导现在价格这么透明，想高价也不行啊，放心，到时候一定给你一个优惠价”，如果还是不行再给你第三招，在需求配置没有确定以前只能报一个区间价，或者变被动为主动，“你们公司一般的付款方式是怎么样的”“你们预计首批订单是多少”，和订单量、付款周期、售后等捆绑来谈，如果对方也说不清，这样你不报就有理由了。

谈判者不可将自己的实力底细轻易泄露给对方，这意味着让对方公开时间安排，但不可让对方知道你的时间压力和期限。即使双方都有时间压力，你也要守口如瓶保持镇静，就看谁能熬得住。

某次谈判，中方商务人员利用谈判休息时间，对外方的技术人员表示赞赏：“技术熟悉、表述清楚、水平不一般，我们就欢迎这样的专家。”该技术人员很高兴，表示他在公司的地位重要，知道的事也多。中方商务人员顺势问道：“贵方主谈人是你的朋友吗?”“那还用问，我们常在一起喝酒，这次与他一起来中国，就是为了帮助他。”“为什么非要你来帮助他，没有你就不行吗?”外方技术人员迟疑了一下说：“那倒也不是，但这次他希望成功，这样他回去就可升为本部部长了。”好了，这就是对方的期限和时间压力，接下来的谈判我方就占主动了。

简单对本节做个总结：要善于利用时间压力提升谈判地位。施加谈判压力的时间策略有三大战术：拖延战术、最后要求战术、最后通牒战术；谈判节奏把握两大战术：优势加速（空间换时间）和劣势推迟（时间换空间）；报价的时机：在没有体现你的价值以前，任何报价都是高的。

第五节 发挥谈判实力的专业素质

赢得谈判优势的第五个策略是发挥专业优势，谈判者的专业能力、心理势能是其运用谈判策略和技巧的基础，尤其是在大客户销售中，有专业实力的谈判者能超越对方知识和经验，让对方对你的专业度仰视并深信不疑，从而在谈判中掌握主动，取得对己方更有利的谈判结果。你让老板加薪，必须掂量一下是否具有老板看中的专业能力。老板也会评估你的贡献值，以权衡是否给你加薪，还是另选一个人来顶替你。

人类有服从权威的倾向，在日常生活中，我们对专家、法官、教授和金融人士，是不是更容易产生认同与服从呢？很少有人怀疑三甲医院的医生的诊断和开出的药方，要与医生谈判或者说我回去考虑考虑，这就是专业的力量。如果企业就是医院，而业务人员是医生，谈判该多么容易啊！我们经常听到客户这么对销售人员说："要我放弃现在的供应商买你的东西可以，请给我一个理由?"可是销售人员不专业说不出理由，只能降价。

而销售人员是否专业，首先是看专业的能力，其次是专业的心理素质。专业的能力包括形象专业、谈吐专业和业务专业。如图2-12所示。

一、谈判者的专业能力

1. 形象专业

你的形象价值百万，销售人员要塑造外表专业的形象，你卖

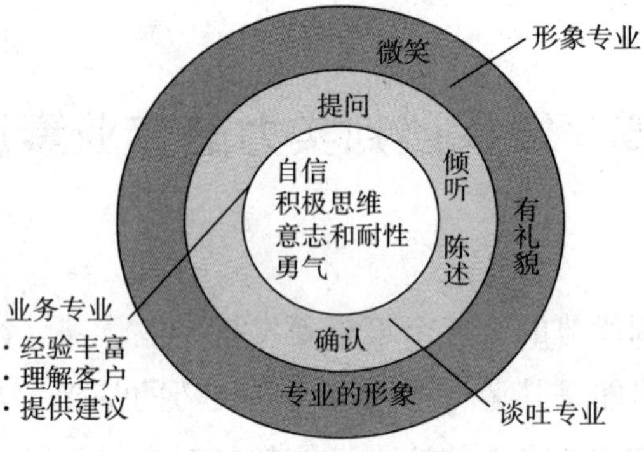

图2－12　专业素质模型

的是好产品，你的外表也要配得上销售的产品。穿一套高档的西装参加谈判，至少可以提高3%的成交价，提一个名牌的牛皮公文包再加上一双锃亮的皮鞋，一定会给你的谈判优势加分。很难想象一个衣冠不整的销售人员能与高质量、高价格联系起来，也无法想象一个不穿白大褂和没有听诊器但自称是医生有多少权威感。当然，有时候还要看拜访的对象，双方着装反差太大反而会使对方不自在，无形中拉开了双方的距离。但拜访重要人物参加重要的谈判，着装一定要正式，正式的着装可以让谈判者增加一定的心理自信，从而增加谈判的势能。你有没有遇到这种情况，在客户空间巨大的豪华办公室谈判，在硕大红木办公桌后，坐着衣着高贵的老板，后面的墙上还挂着他与社会名流的照片。这一切是否让你自愧不如，而在谈判中落下风呢？

销售人员除了形象，工作的细节也一定要体现专业性，从预约客户、待人接物到结束拜访前对会谈内容确认、结束以后给客户发一个感谢短信等，都能给客户带来良好的体验。

2. 谈吐专业

销售人员：“这款就是高环保地板，您觉得如何？”

设计师：“地板看起来不错，我还是觉得有点超预算，××品牌也说是环保地板，价格比你们家的便宜。”

销售人员：“买地板关注环保指标，健康第一，毕竟每天都要跟它接触。设计师需要了解如何鉴别地板的环保性，您说对吗？”

设计师：“是啊，我就不是很清楚。”

销售人员：“地板的环保性如何，您要从材质和工艺两个方面来看。您要看板材环保等级及胶黏剂、油漆等辅助材料的品质。高环保的地板一般都用E0环保基材并且大多采用进口胶黏剂和油漆。我们的地板采用的就是这种材质，所以您看到相对××品牌来说我们的会贵一点。您清楚E0环保基材是什么概念吗？”

设计师：“什么意思呢？”

销售人员：“您平时喝啤酒吗？啤酒的甲醛含量为E3级，我们的板材为E0级，比啤酒中的甲醛含量还要少。”

销售人员：“除了板材，您还要看地板贴面和封边的工艺。如果这些环节做不好，也将导致地板在使用中出现家居环境污染。我们的地板在贴面时采用最高标准的热压时间、温度及压力，而我们的封边材料和设备都从意大利引进，这些都可以保证我们的产品在环保方面真正令顾客完全放心。您看这里有国家质检总局为我们公司出具的甲醛含量证书。”

设计师：“好吧，我就不讲价了，就选你们家的地板吧！”

销售人员要做到谈吐专业，还必须做到以下5点：

第一，理解客户的业务，关注客户的问题，多问聚焦客户业务的问题：“贵司的货物是PCB上的铜箔，在干线运输中需要恒温恒湿，否则很容易氧化，请问你们是如何解决这个问题的？”“交换机升级至千兆网络之后，服务器连接是否经常断线？”这要比简单问“你有什么问题”让客户感觉更专业。当你关注客户的业务时，客户觉得你是来解决问题的伙伴，而不是来推销产品的谈判对手。

第二，陈述有逻辑和数据支持："成本降低来源于三个方面：计划协同、运输设计、库存控制。""采用安全库存管理系统，库存周转提高了23.1%。"当客户认为你很专业时，你就建立了一定的话语权和势能。

第三，多使用成功案例，大品牌和同行都在用，产品畅销得到普遍认可，对方都不好意思开口讲价了。例如"你遇到的这个问题，我在参与UPS物流项目建设的时候遇到过，他们的问题和你们很相似，当时的情况是……我们提出的解决方案是……"

第四，倾听。谈判者向对方做出的最不费力的让步就是让他们知道，你确实在倾听他们说话。当客户感觉你在认真倾听，可以赢得其好感乃至信任。最重要的是，谈判高手都是好的倾听者，最大程度获得对方的需求和信息。而言多必失，不能守口如瓶，有可能不经意将你的实力底细泄露给对方。

第五，确认。"王经理，结束之前，我总结一下这次交流的内容。我们这次沟通一共确定了三件事情，分别是……你看还有遗漏吗?"很多时候，人们没能理解对方的意思，是因为自己表达内心素质的欲望太强烈。确认可以避免双方对某些问题的误解，确认也可以显示你的严谨和专业性。

3. 业务专业

销售人员的专业度有三个层次：如图2－13所示。

第一个层次：了解自己所在公司、产品和服务的优势，能准确无误地向客户传递价值。同质化竞争仍然会有面对客户价格的压力。

第二个层次：能准确地洞察客户的深层次需求，并引导客户的需求至我方的优势上。由于提供差了异化的价值，面对客户价格的压力较小。

第三个层次：销售人员有行业经验，深刻理解客户面临的问题，可以提交高质量的解决方案。当销售与客户讨论业务难题或帮助其实现目标的具体方案时，就让客户关注要实现的价值，而不是纠结于产品和价格等谈判条件。当你能为客户提高效率、降低成本、减少麻烦、做出贡献，真正为客户创造价值的时候，你就能实现高价成交、持续成交。

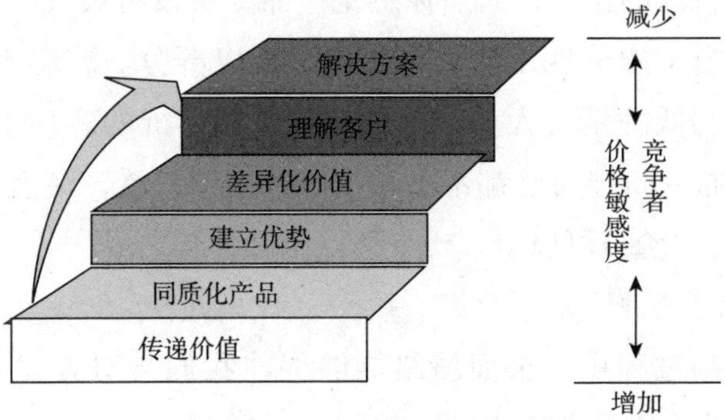

图 2 –13　业务专业三个层次

某企业要购买板式空气过滤器，客户找到 A 品牌和 B 品牌提供样品，并进行测试。A 品牌提供的是化纤过滤器，B 品牌提供的是玻纤过滤器。测得 A 品牌化纤过滤器的初始效率为 93%，而 B 品牌玻纤过滤器的初始效率仅为 65%，要提高效率就必须采用更大的风机，成本更高，所以客户倾向采购 A 品牌的化纤过滤器。B 品牌的销售人员找到设备实际使用方，说明情况。事实上，玻纤过滤器效率更稳定，而化纤过滤器初始效率高，在使用一段时间后效率大幅衰减，设备使用者的后续保养运营成本会更高。最终客户被说服采用 B 品牌提供的玻纤过滤器。

二、谈判者的心理势能

优秀的谈判者除了专业能力，还需要有自信、积极思维、坚忍不拔的意志和耐性的心理势能。

1. 自　信

客户怎么对待你是你决定的，你是什么样的人，就会吸引什么样的人。一个优秀销售人员应该有这样的自信，假定客户这次一定会成交且会高价成交，当他们有强大的气场时，客户的态度就会自动跟你匹配从而顺利成交。世界也是一面镜子，你看到的其实就是自己的投射，而当你感觉产品太贵没有底气时，客户的态度就会自动跟你匹配。物以类聚，人以群分。那些不太自信、自我价值感低的销售人员，总是与那些要低价的客户不期而遇。因为他们报完价连自己都不会相信客户能够接受，最后不自信地加上一句："价格可以谈。"

2. 积极思维

在谈判过程中，正面情绪能够促使我们与对方建立和谐关系，谈判也会变得更加顺畅和高效，最终找到能互惠互利的方案。一个有积极思维方式的谈判人员的情绪也不会被客户的反应所左右，如果有些沮丧也只是几分钟而已。同时，乐观的销售人员随时传播积极的能量，在跟客户交流时也是这样，你的乐观会带给客户愉快的消费体验，客户也更愿意跟你交流。

3. 意志和耐性

坚忍不拔的意志和耐性是优秀谈判者必备的素质。所有最重要的谈判条款都是最后几分钟达成的，无论是一个小时、一天还是一个月，80%的条件都是在最后20%的时间段达成的。谈判时间越长，投入的时间越多，就越想使谈判有结果，其心理就越脆弱。但谈判时间对买卖双方的心理影响是不同的，如果你能够在谈判中表现出更大的耐心，你就有可能获得更多有利的谈判条件。谁笑到最后，谁就笑得最好。另外，勇气也是谈判中非常重要的因素，谈判时如果你抱着谈不成的心态，你就有足够的胆识和决心令对方让步。

我们简单总结一下本节内容，要发挥专业优势，从而在谈判中掌握主动。提升谈判者的形象、谈吐、业务专业可以提升谈判者的地位，而自信、积极思维、意志和耐性是心理势能，也是赢得谈判优势的重要策略。

第六节　建立有倾向性的客户关系

赢得谈判优势的第六个策略是赢得客户关系。谈判是人与人之间为了达成一定的目标或需求而进行的一种活动，既然是人与人之间的互动，势必会受到关系的影响。双方建立相对良好的关系，自然都愿意在谈判中做出一定的让步，这将有助于彼此达成各自的目标。尤其是大客户采购周期长，前期销售人员有大量的时间与客户建立良好的互动关系。建立客户关系，从陌生人到朋友再到同盟者，首先要从个人对个人开始。

一、与客户个人建立关系在谈判中的好处

即使是集团采购也是通过个人来实现的，大客户采购出钱、花钱和使用的不是一个人，A、B、C 公司没有购买我们的产品，李总、张总、王总买了。好的客户关系当然会对谈判结果有一定的影响。虽然现在很少有人以牺牲公司的利益来满足个人的利益，但不可否认人是感性的，良好的关系有利于建立融洽的气氛和谈判目标的达成，客户在决策的时候偏向你一点是完全有可能的。

客户关系是构建我们与客户之间的信任，让我们能够把公司的综合实力向客户展示出来，充分呈现我们对客户带来的价值并获得客户的认可，说明贵是有道理的。如果客户不信任你，你展现的价值客户就不会接受，或者大打折扣。华为在大部分项目中的商务价格可以比友商高 20%，客户认为是合理的，是因为华为销售人员的客户关系维护比友商做得好。

差异化是规避低价竞争、提高供应商竞争力的手段，很多企业都努力对产品进行差异化改造，这意味着产品必须具备友商没有的独特性能。好的客户关系让客户一起帮你找差异，通过差异化优势形成决策依据，给出选择你的理由或者找出愿意帮助你的理由。例如虽然你的价格高一些，但客户可以以你的品牌和可靠性或者某项独特功能作为选择依据，尤其是得到客户高层、技术或使用部门的认可，未来在与客户采购部门谈判中就占有了有利的位置。

二、与客户公司的客户关系四个阶段

通过个人关系，然后不断扩大，从一对一发展到一对多，与客户更多的人、更多的部门、更高层次建立关系。与客户公司层面的客户关系包括初期合作、中期合作、高期合作和战略合作四个阶段，如表2-1所示。从交易关系、合作关系到建立彼此信任与承诺、战略合作是双方期望达到的理想阶段。当客户关系不断向前推进的时候，对供应商来说，更是不断增强其自身谈判实力的过程，谈判的氛围也越来越淡，而合作双赢的机会越来越大。

表2-1　与客户公司的客户关系四个阶段

初期合作阶段 （交易关系）	简单一对一接触 客户提出小批量订货要求或要求提供样品检测 客户对价格、质量、服务极为挑剔 通过客户的供应商评审，成为合格供应商
中期合作阶段 （合作关系）	客户经理开始接触多个部门并获得生产、质检等部门的认可 只是客户几个供应商之一，客户仍会选择与其他供应商合作 价格和付款仍是客户主要考虑因素

续表 2-1

高期合作阶段 （信任与承诺）	供应商与客户各个部门及双方总经理形成一一对应的沟通机制 客户以书面文件的方式承认供应商的地位 供应商份额稳定，成为重要供应商 供应商通过整合资源为客户提供个性化的解决方案
战略合作阶段 （整合与融合）	建立战略协同关系，实现战略、资本、技术、人才融合 供应商深入客户业务流程，彼此分享信息，高度协同 供应商与客户签订排他性协议，提高其他供应商的进入门槛 客户与供应商共同分析成本，制定合理稳定的价格体系

1. 初期合作阶段

供应商通过价格、信用支持等条件吸引客户与企业建立交易关系。客户开始尝试使用你的产品，但还处于考察和少量使用阶段。客户对品质、服务、价格非常挑剔，往往会权衡现有供应商和候选供应商带给自己的收益和成本，客户关系处于不稳定状态。这个阶段的谈判大部分情况下是客户处于有利的位置，而供应商为了能够挤入供应商行列分一杯羹，不惜提出优于现有供应商的有利条件，让客户做出改变。因此，谈判大部分是我吃亏你得好处的零和博弈。

2. 中期合作阶段

供应商通过了客户质量和服务的考察，与客户形成比较稳定的客户关系，客户经理开始接触多个部门并获得生产、质检等部门的认可。如果供应商各方面的条件不错，客户会慢慢增加你的供货份额，并以此提出更有利的谈判条件，价格不是唯一因素，但仍然是其谈判重要的考虑因素。如果供应商表现出色，供应商的谈判地位也有所提高，可以通过增加份额销量或交叉销售获得更多的利益，双方谈判更加理性，从零和博弈向双赢的正和博弈方向发展。

3. 高期合作阶段

成为客户的主要供应商，双方部门之间的沟通更加通畅，合作更加紧密，客户关系的层次也从销售与采购向高层对高层发展。通过双方高层频繁互动或参与谈判，从更高的层次解决利益分配，公平合理地解决双方利益冲突，尽可能保证双方的合法利益，也不损害双方的关系，或者把饼做大，实现双赢。

4. 战略合作阶段

战略合作阶段是客户关系的最高境界，这种客户关系无疑是相当牢固的。资源整合能力互补：将两个企业的资源和能力整合成整体的核心竞争力；股份合作利益共享：通过资本深入、利益共享，形成“双边锁定”；高层协调组织融合：建立跨组织、跨团队、无边界的组织，在新产品研发、质量改进方面密切合作。因此，战略阶段更多的是合作而不是谈判，你的损失就代表我的损失，压你的价就意味着减少我的利润。这通常意味着不是双方而是同一方，从你们变成了我们，形成“一荣俱荣，一损俱损”的双赢合作局面。

案例一：糖是高度同质化的日用品，长期以来，生产企业无法把自己的产品与竞争者的产品区别开来。英国有家糖制品企业的许多客户都同属于食品制造企业，同样具有食品加工中的废物处理问题。这家糖制品企业决定充分利用自己在环保方面的优势来帮助客户。他们挑选了6家重点客户，开始免费为它们提供环保技术。结果这6家客户显著降低了自己的运营成本，有几家甚至因此裁撤了自己的环保部门。这家糖制品企业得到的回报是：6家大客户都把大部分或全部订单给了这家企业，这家企业还可以对自己的产品定一个不错的高价。

案例二：A企业是国内一家高低压成套设备生产企业，它们的目标顾客主要是特大型国有工业企业，其年产值始终在1亿元左右徘徊。高低压成套设备市场的竞争非常激烈，再加上有些企业不规范的暗箱操作，使得A企业这样的公司保住一个老客户并拿到大部分订单变得非常困难。

B企业是一家特大型国有控股企业，也是A企业一直供货的几个重要的大客户之一。由于国企的内部关系过于复杂，使得A企业无论怎么努力，也只能拿到B企业30%左右的供货份额。近两年，在其他高低压成套设备厂的不断侵蚀下，A企业在B企业的供货份额呈持续下降趋势。

一次偶尔的客户交流彻底改变了A企业的命运。原来B企业的董事长与A企业的董事长闲谈时，无意中透漏了目前他们正在筹建三产，但还没有找到好的项目。A企业的董事长说："好项目'远在天边，近在眼前'，咱们为什么不合资建一个高低压成套设备厂？我们出技术和厂房，负责进口设备引进，你们负责协调内部订单，流动资金让职工入股，这可是稳赚不赔的好买卖！"第二年过完春节合资公司正式投产，B企业80%的订单都交给A企业来做，还利用自身的关系拉来了很多新客户，使合资公司建成当年的产值就达到1.5亿元，利润也较以前大幅度提高。如图2-14所示。

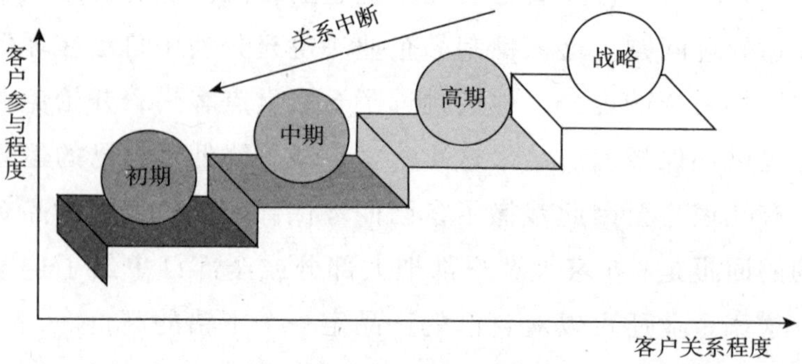

图2-14　客户关系的四个阶段

当厂家和代理商合作的初期，双方就是纯粹的交易行为。

经销商："我卖你的产品，你给什么价多少折扣，给我多少铺底？只要能够获利的生意我就做。"

厂家："你预计能销售多少，每月达到××量，有月返点；每年达到××量，有年终扣点。"

厂家会使出各种手段，让经销商进货或强行压货，至于货卖不卖得出去，可不是厂家的事情；而商家则不遵守游戏规则，将厂家视作"唐僧肉"，压低厂家价格、延迟付款、长期占用厂家的资金等，极大地损害了厂家的利益。大量的厂商之间的谈判博弈，都在追求自身利益的最大化，却不料最终自己深受其害，不但没有双赢，最终演变成了双亏。

当厂家和代理商开始构建双赢的厂商关系时，双方有共同的战略目标和价值观，厂商风险共担，利益共享，价格不再是双方博弈的手段，而是追求与对方长期的互利关系，厂家和代理商想方设法共同开拓市场，把蛋糕做大以实现双赢的目标。

案例三：卡特彼勒是全世界最大的工程机械制造商，但价格却是这个行业内最高的。他们与经销商的关系堪称战略合作的典范。卡特彼勒和代理商的经销商协议只有几页纸，但是永不过期，任何一方只要提前90天告知对方，就可以不需要任何理由终止合作，实际上他们和代理商之间很少终止合作。同时，卡特彼勒和代理商的关系也远胜于一纸合同上所注明的权利、义务关系，他们之间更是一种家庭式的亲密关系，双方建立起来的信任花费了几代人的心血。

卡特彼勒积极地帮助经销商维持其家族所有权。例如当经销商负责人50岁的时候，卡特彼勒会为他们家族召开研讨会，从财务和管理方面讨论税务问题和培养继任者计划。这些培训会持续两三次，直到他们的继任者已经准备好承担起父辈的产业。

卡特彼勒也鼓励代理商的负责人让他们的孩子很早就参与公司的管理，公司还为他们提供暑期临时工作的机会，欢迎他们大学毕业后到卡特彼勒工作，卡特彼勒建议让他们的孩子参与一两年的销售工作，然后从事关于发动机的业务，负责产品售后支持。当代理商负责人退休时，他们的下一代已经有足够的能力承担起父辈的产业了。想一想，在卡特彼勒和代理商这样的关系中，只有合作、互惠互利、共同投资、共同承担责任，没有谈判和博弈。

最后，我们对本节做个总结：谈判活动中，个人关系改善有助于谈判目标的达成。而推进与客户公司层面关系：从交易到战略合作，可以让谈判实现从你输我赢的零和谈判到双赢的正和谈判的转变。

第七节　应对谈判实力的客观因素

谈判实力既包括前面谈到的六个主观因素：交易的重要性、需求满足状况、交易信息的了解、对谈判时间限制、谈判者的专业度、客户关系。销售人员可以在与客户的谈判中采用价值策略、需求沟通策略、关键信息策略、时间策略、专业策略、关系策略，改变谈判双方主观实力的力量对比，获得优势地位。也包括谈判者暂时无法改变的客观因素：竞争状况、品牌和实力状况，谈判者如何应对？

一、竞争状况

买方市场还是卖方市场？产品同质化还是差异化。例如当外部经济增长乏力、基本建设内需不足、产品同质化和市场信息高度透明，像钢材、水泥等生产物资，只能卖个白菜价，这些都是谈判者暂时无法改变的客观因素，供应商比较被动，而客户占据主动，事实上谈判的空间被大大压缩了，但仍然可以找到谈判的空间。

产品同质化但服务可以差异化，价格没有空间但服务（及时送货、安装、保养、培训、配件供应等）可以让你有实现更好的谈判目标的空间。当客户跟我们的业务合作非常顺畅，服务响应很快，服务人员专业度很高，给客户带来了实实在在的价值，供应商也具有了谈判的优势条件。工程机械行业的翘楚“三一重工”在品质改变世界、服务创造价值的理念指导下，通过一刻钟回复、一小时内出发、一次性修复等服务承诺，销量不但在行业内名列前茅，产品在国产品牌中价格也是最高的，其利润也超过同行企业。因为有强大的售后服务作为保证，使得“三一重工”的销售人员即使遇到国际顶尖的品牌的竞争，在与客户谈判中也是信心十足。

如果将服务水平再提高一个层次，能够帮助客户成功——提高效率、降低成本，提升赚钱的能力，供应商在谈判中的优势就更明显了。一家大型的工业传输带公司，销售遇到困难，因为工业传输带是典型的同质化产品，价格敏感程度高。他们的聚氨酯传输带耐用、功能强、维护费用低。也就是说，使用成本很低。另外，传送带是易耗品，要频繁更换，实际上影响着60%的机器效率，这个问题往往被客户忽视。由于受到市场同类企业的价格压力，这家工业传输带公司经常陷入无休止的价格谈判。于是，这家公司决定采取新的销售模式，从销售产品变成销售服务，以客户原来的市场预算，承包了其传输带的更换、维护和保养工作。因为产品不需要经常更换，不但提高了客户的生产效率，而自己也因为产品使用成本低获得了可观的收益。最关键的是，这些客户都成为这家工业传输带公司长期忠实的合作伙伴。

华为根据客户等级将服务划分为：

• 基础服务：为设备正常运行提供保障性服务：安装、维修、维保、备件服务、巡检……

• 专业服务：为提升设备的性能和效率，提供个性服务和增值解决方案，比如设备维护业务外包。

• 战略服务：面向业务运营，为客户提供业务解决方案，帮助客户提高盈利能力和提升市场竞争力。

企业的服务越完善、服务的层次越高，谈判的优势就越明显。但服务能力的提升不是一蹴而就的，企业从价值观、愿景、企业组织和流程、人员的培训等方面改变，企业需要长期努力。套用一句流行的话“海底捞你学不会”，海底捞的服务为什么学不会？因为海底捞有一条护城河，这条护城河是让员工不断创造服务的“管理”机制。

对销售人员而言，要给客户的感觉很舒服。一个销售人员说：“我从来没有关过手机，留给客人号码的手机一直处于待机状态，我一直充满自信地对客户说我的手机24小时开机，有什么事情随时打电话，只要接到电话，无论什么时候，我都会全力以赴……”当你跟客户这么说的时候，客户至少不会把你的价格压得太低。

二、品牌和实力状况

谁是强势品牌，谁为谁提供品牌背书？客户采购规模大小？你有多少成功案例？这些因素也将影响谈判的力量对比，但都是公司层面有待解决的。品牌需要长期的投入，企业实力也不会立即提升，都是短时间内无法改变的客观因素。但对供应商的销售人员来说，仍然可以有所作为。

当你处于优势，需要不断强化这些优势，在谈判中更容易占据主动地位。例如品牌名气大、市场份额高、行业成功案例多，就可以为你的高价做背书。当你处于劣势，仍然可以对顾客施加影响，“转化”客户的认知，例如大品牌到货安装时间长、零配件贵，一线品牌不如本地供应商售后服务及时。

客户采购规模大小也可以转变，我以前管理代理商的时候，碰到过这样的情况。有的代理商与厂家初次合作，开始并没有提出过分的要求（提了厂家也不会答应）。但他把批发价格压得很低，几乎零利润，当市场上所有的零售商都向其进货导致销售额倍增时，他再以产品不挣钱和销量作为谈判条件逼厂家降价。

企业的规模、先进的生产线也可以让你增强谈判的话语权。当客户说价格贵的时候，你可以这么说：“比起小厂，我们的产品价格确实不便宜，不过考虑到项目要抢工期、短时间集中供货，也只有我们这样的企业能保证有充足的货源，保证项目能按期完工，您说是吧？”如果客户说至少要比进口品牌低15%才行，你可以这么说：“石膏板都属于通用建材，我们都是引进国际最新一代的生产线，进口品牌的技术参数，国产不但能达到而且要超过。中国制造的能力已经全球第一了，国产石膏板的质量完全可以媲美进口品牌。”

与优秀的代理商谈合作是一个艰苦的过程，由于其掌握了雄厚的当地客户资源，厂家在与其谈合作时，他们往往提出价格、扣点、信用等条件。我当时负责某国际品牌大中华区的渠道管理，我们的品牌价格高、付款也严格，这是我们与代理商谈合作遇到的最大问题，因为行业内其他品牌不是价格低就是给铺底。但我们从以下几个方面与客户谈判：

第一，大品牌能带来销量，品牌能带来客户的自动购买，如果你代理的是大品牌，可以带来很多客户。尤其是行业客户，最终客户会做一些指定，“这个项目，我就要选择某某品牌”。这叫品牌驱动，代理商的销售成本大大降低了。另外，客户选择与你的公司合作，你的其他产品也有了交叉销售的机会。

第二，虽然小品牌价格低，但是我们的实力强。小品牌价格低没用，他这个月价格给你是低的，但是下个月没有货了，关键还要看企业实力。小企业管理不规范，价格混乱，也许他给别人的价格比你更低。

第三，我们的产品质量非常好，你跟大品牌合作没有后顾之忧，东西卖出去很放心。小厂的价格低是不错，但是质量经常出问题，当你去找厂家索赔时，也许这个厂家都不存在了。

第四，如果厂家的管理不规范，市场一团糟，大家竞相杀价，东西卖不出去，给你欠多少钱也没用，价格低也没用。反之，我们价格虽然高，但是我们的市场规划做得非常好，不允许低价和窜货，整个市场价格在一个水平上，大家不降价，都有挣钱的空间。

第五，大厂家有实力做市场推广、产品展销会、技术研讨会，还有各类产品培训。销售团队可以帮助代理商一起去跑市场、跑客户，尤其是搞定大客户、大项目的时候，没有厂家的配合是很难成功的。

第六，跟大厂家合作，还可以提升管理水平，提升代理商的仓库管理、财务管理和团队管理水平。厂家能够帮助代理商培训销售队伍，提升员工的业务能力。

代理商与厂家合作的最终目的是挣钱，价格和货款是获得利润的一个方面，更多要考虑以上六个因素。当我们以这样的方式与代理商进行谈判，我方的谈判实力被大大提升了，说服对方合作的可能性也提升了。

影响谈判实力有八个因素，有谈判者可以有所作为的主观因素，也有暂时无法改变的客观因素，但无论什么因素，如果你有优势，而且双方都知道，那么你在谈判中就有这种优势；如果你有优势，对方不知道，那么你在谈判中就没有这种优势；如果你有劣势，对方不知道，那么你在谈判中就没有这种劣势。这意味着你要在谈判中向对方呈现出实力，以恰当的方式在恰当的时机展示实力的同时，不可将自己的实力底细轻易泄露给对方。在谈判中，如果对方不知道你处于弱势，弱势就不可怕，更不要示弱。

20 多年前，我还在某房地产公司上班，公司在上海开发的一批房子，委托某中介机构帮我们销售。价格很有吸引力，但当时交通不方便是一大缺点，公共交通是没有的，所以看房都是中介公司派车。当时上海也没有高架路，从市区到楼盘开车要 2 个多小时，但我发现跟着中介公司的看房车 1 个小时左右就能到，因此，大部分客户对路程和交通这个大问题没有特别在意。因为价格原因，我们的楼盘当时卖得还挺火。有一次与中介公司老板聊天我才恍然大悟：他们看房的班车上车地点、来回程时间点和线路都是精心设计的，开车的师傅的技术也很熟练。这是他们的班车时间短的原因，交通的弱点就不明显了。

最后，对本节做个简单总结：谈判实力包括前面谈到的六个主观因素和应采用的相应的策略。还有谈判者暂时无法改变的客观因素：竞争状况、品牌和实力状况，需要公司层面的长期努力，但谈判的个人仍然可以有所作为，扩大谈判的优势空间。

第八节　影响客户决策的情感动机

哈佛谈判教授、情商谈判专家丹尼尔·夏皮罗认为：人与电脑不同，谈判不限于理性论证，除了己方的实际利益，你的情绪一直在左右谈判的进程，对方的情绪也是如此。虽然大客户采购被认为是冷静和理性的，但采购毕竟通过人来实现，因此，也一定存在感性和情绪的因素。在谈判中一旦陷入负面情绪，甚至让你怒火中烧，你的焦点不是解决问题达成目标，而是充满敌意的交流甚至是攻击。

某公司旧仓库需要出售，市场的估价是3000万元，卖家当时报出的价格是3300万元，但只收到一家回复，还价是2000万元。无奈之下只好接受了这个价格。但是，对方在谈判的最后时刻还是放弃了，卖家当事人只好重新寻找买家。过一段时间，终于有家公司愿意3000万元买下仓库。卖家表示可以把所有的货架送给买家，但要搬走一台除湿机（5000元左右），买家当场表示同意。但后来签合同时买家却坚持说卖家同意把所有的设备都送给他。卖家当事人知道买家在撒谎，勃然大怒，与他展开了激烈的争吵，最后双方不欢而散，交易失败。当事人很气愤可以理解，可没有必要过于情绪化，上一次2000万元的报价都接受了，现在客户愿意支付3000万元，你却为了几千元的旧设备让交易失败了，是否值得？

我们的内心也充满了各种情绪，开心、满足、兴奋等正面情绪，以及愤怒、失意、沮丧等负面情绪。在谈判过程中，正面情绪能够促使我们与对方建立和谐关系，谈判也会因此变得更加顺畅和高效，最终双方能找到互惠互利的方案，达成双方有利的谈判结果；负面情绪带来相互猜忌和紧张关系，目标被情绪干扰，甚至导致谈判失败。

谈判是基于实力的角逐，实力强的一方在谈判中更容易占得先机。影响谈判实力主要有八个因素：交易的重要性、需求满足状况、竞争状况、交易信息的了解、品牌和实力状况、对谈判时间限制、谈判者的专业度、客户关系。谈判双方的实力对比决定了谈判的沟通方式，当一方实力显著地强于对方，只有命令不存在所谓的谈判，被命令的一方只有服从或者影响对方来赢得利益。

在双方实力悬殊的情况下，与对方硬碰硬对抗后果会更惨。但通过正面情绪来影响对方，同时避免被自己的负面情绪左右，从而在谈判不利的情况下占据主动，也有机会说服对方，与对方达成明智的协议。

如何激发双方的正面情绪，让谈判高效顺利地进行？丹尼尔·夏皮罗认为：在几乎所有的谈判中，人类需求才是最核心的内容，集中精力把握五大核心需求——赏识、归属感、自主权、地位、角色，将它们视为杠杆，可以激发双方的正面情绪。我们把五大核心需求解释为影响客户决策的五个情感动机。要关注情绪背后的动机，只有能够应对这些动机，就能激发双方的正面情绪。谈判中解决了动机就有机会建立和谐关系，并激发双方的正面情绪，解决了情绪就容易达成理想的谈判结果。如图 2 – 15 所示。

图 2 – 15　从动机到正面情绪

坦率地说，谈判大部分情况下供应商是处于弱势地位的，如何通过满足客户以下五个情感动机，来激发客户的正面情绪，从而影响客户决策，获得理想的谈判结果？

一、赏　识

如果人们感到自己被欣赏，他们表现出的合作意愿就会更强，敌对情绪也会更弱。有一次，乔·吉拉德和一位客户进行了较为顺利的洽谈，眼看就要签约成交了，可是客户突然变卦。当天晚上，乔·吉拉德按照客户留下的地址，主动登门拜访客户，问客户为什么放弃交易。客户见乔·吉拉德很有诚意，就开门见山地说："其实我知道你们的汽车的确不错，也相信你的为人，但是当我在签约前跟你提到我的儿子准备上大学，你却没有任何反应。要知道，我是深深地以我的儿子为荣的，所以无法接受你的冷淡。"乔·吉拉德立刻道歉，并注意在以后的客户接待中对客户表示赏识。

谈判中我们更愿意为自己的观念辩护，而不是了解客户的想法，找对方谈话中的破绽，尽量肯定对方的可取之处。谈判中你可以不赞同对方的观点，但可以部分同意："虽然对您得出的结论无法苟同，但对您表达的双方合作愿望的表述很赞同。""我觉得您提出的合作设想很有前瞻性。"也可以感谢对方为这次谈判所做的努力："虽然今天谈判有点艰难，但很感谢您为这次谈判所做的完美准备。"表达赏识不代表放弃自己的权利或接受对方的建议，但确实会激发对方的正面情绪。

二、归属感

将敌对关系变为同伴关系，归属感可以使得双方的合作变得容易和高产。例如："小王，要谈成让双方老板都满意的方案，我们两人都面临巨大的挑战，这最后10万元的差距，我们一起来想想办法！”关键是“我们”这两个字的含义，我们是合作伙伴而不是谈判对手。这就意味着如果成功了，这是我们共同的收获；如果失败了，我们也不会责怪对方，共同来承担相应的后果，没能想到解决共同问题的方法，而不只是哪一方的问题。

归属感也可以通过大家是年轻人、校友、同行、半个老乡来表达，因为有共同的属性、有交集，因此是自己人。通过归属感，激发对方的正面情绪，使得谈判更加顺利。

贝尔纳·拉迪埃是空中客车飞机制造公司的销售代表，他面临的挑战就是向印度销售飞机。这是一个棘手的任务，因为这笔交易已由印度政府初审，未被批准，能否重新找到成功的机会，全看销售代表的本领了。拉迪埃深知肩上的重任，他稍做准备就飞赴新德里。接待他的是印度航空公司的主席，拉迪埃见到他说的第一句话是：“正因为你，使我有机会在我生日这一天又回到了我的出生地，谢谢你！”不用说，拉迪埃的印度之行取得成功的概率大大提高了。

三、自主权

尊重对方的自主权，你可以成功激起对方的正面情绪。当我们选择和决策的时候，要尊重对方对整个话语决定的控制，而如果对方获得了这种控制，他就会更喜欢你，也更容易被你说服。在做决定前尽量征求对方的意见，有些时候并不是某人做的决定是错的，而是因为做决定之前未征求对方的意见，让其不满意导致谈判无法顺利进行。例如擅自决定谈判地点和谈判时间。即使协议内容对另一方有利，他们也会因为没有参与起草而对协议表示怀疑并拒绝接受。如果双方都为协议提出了自己的意见，达成共识就容易多了。

大客户拜访中有些技术岗位的客户比较麻烦，说他不懂他也懂点，说他懂其实也是一知半解，碰到这样的人最好多征求他的意见："这方面您很有经验，方案有什么要改进的地方？""你看下一步怎么做比较好呢？"让他参与，让他提出"宝贵"的意见。同样，你与老板谈加薪升职之类的要求，尊重对方自主权的说法是："我需要怎么做才能达到公司的要求呢？"

四、地　位

承认和尊重对方的身份地位，将正面情绪带来的好处最大化。谈判中的职位对等级别对等很重要，在谈判人员的安排方面，要事先询问对方是什么级别的人物参加，然后决定自己派谁去参加。在谈判中坚持己见，往往不是因为谈判桌上的建议本身不能接受，而是不想在对方面前败下阵来。如果你改变一下措辞，或者换一种形式，对方会欣然接受。"您是这方面的专家，您很有经验。""在您的指导下……"

在五千年文化沉淀的影响下，中国人的谈判风格被打上了鲜明的文化烙印，更多表现为对人际关系和社会地位的重视。有一次，我去某个客户处催收货款，由于公司前期提供的设备出现了一些小问题，虽然对方老板同意付款，但是付款流程上需要工程师签字，当我见到那个工程师时，他很不耐烦地说："你们的产品质量那么差，如果我是采购送给我都不要，你们居然还要尾款。"我微微一笑，递给他一包烟，说："我们都是跑腿的，具体情况我也不清楚，老板让我来找你，说没你的签字还真不行，还请你多多包涵。"我把付款流程单给了这个工程师，这个工程师边看边发牢骚，最终还是签了字。

五、角　色

扮演能够促进合作的临时角色，使得双方能够从非正式关系中获益。当你们是谈判桌上的对手或者类似工作的角色，说的都是官话、套话、空话。其实，公事公办很难施加影响力，而当谈判中你们都变成了父亲和儿子等临时的角色，情况就大不同了。

我有一个客户，在闲聊中知道他的孩子在念重点高中，高中阶段不但孩子辛苦，大人也很紧张，因为我也是这么过来的，所以有很多共同语言。因为他的父母年纪也大了，客户想把父母从东北接到上海，但来了后父母不习惯又回去了，客户是个大孝子，感觉愧疚，我们在观念上又有很多共同点。当我们的角色从供应商和客户转向都是父亲和儿子的时候，关系就变得不一样了。有时候做个第三者：跳出卖方的角色，转入顾问的角色，给出“客观、公正”的建议，客户更愿意接受。例如：“如果我是你的话……”

把握五大情感动机，将它们视为杠杆，可以激发双方的正面情绪。正面情绪可以有效地克服负面情绪，有时候强烈的负面情绪还会影响双方的行为，导致谈判失败。

最后对本节做个总结：当谈判处于弱势地位时，以赏识、归属感、自主权、地位、角色五个情感动机为杠杆，激发客户的正面情绪，建立和谐的关系，从而影响客户的行为和决策，获得理想的谈判结果。如图2－16 所示。

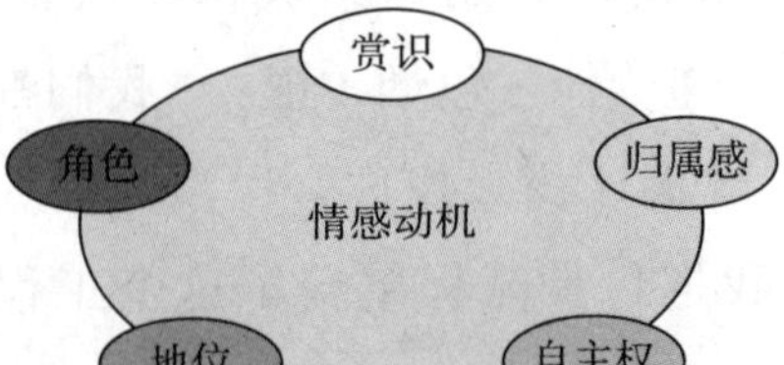

图 2－16　五大情感动机

第三章
完美谈判的策划和准备

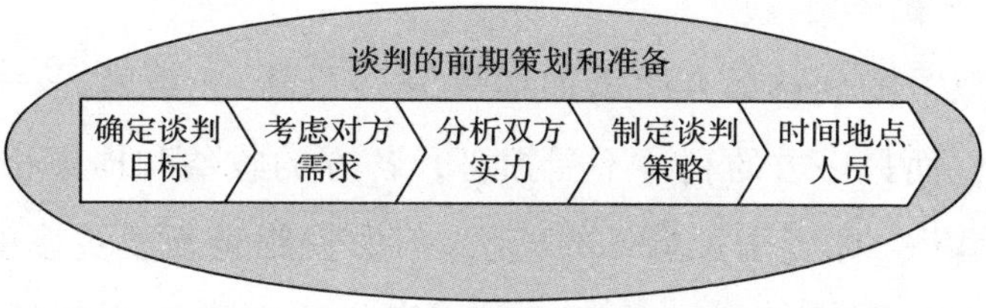

图 3－1　谈判的前期策划和准备

第一节　谈判不是“赢”而是“赢得”客户

谈判有负和谈判、零和谈判、正和谈判。

1. 负和谈判

就是两败俱伤，谁都没得好处，或虽有一方获胜但付出了惨重的代价，各方的收益和损失相加总和为小于“零”。例如你确信的薪金远远低于应该得到的报酬，然而你的老板对你的加薪请求采取冷漠无情的态度，你虽然郁闷但也无可奈何。看起来你输了，但内心郁闷出工不出力，期间还出了几次工作纰漏，被客户投诉索赔，公司损失不小。

2. 零和谈判

一方的收益必然意味着另一方的损失，各方的收益和损失相加总和永远为“零”。还是以前面的加薪为例，你要求加薪 1000 元，老板只同意加 500 元，你觉得还在你的心理承受范围内就同意了。但你的 500 元所得正是老板的所失，你的幸福是建立在他人的痛苦之上的。

3. 正和谈判

是双方的利益都有所增加结果为“双赢”，或者是一方的利益增加，而另一方的利益不受损害，各方的收益和损失相加总和大于“零”。你要求加薪1000元，不如去跟老板要更多的授权，更高一点的分成比例、谋求更高的职位或者要一个新的市场区域。例如老板说：“有个新的城市业务一直没有开拓，给你一个任务，如果年底你能开发十个新客户就同意你加薪1000元。”正好你的女朋友在那个城市生活，你们正在为异地恋苦恼，这下全解决了。年底你的业务进展顺利，不但加薪还升职了。

哈佛大学教授罗杰·费希尔和威廉·尤瑞提出的原则谈判理论（哈佛谈判理论）认为：成功的谈判应该具备三个衡量标准：能达成明智的协议、有效率、增进或至少不损害双方的关系的双赢谈判。

一、哈佛谈判的三个原则

把人和事分开：对事不对人可以缓和谈判中紧张的气氛。谈判气氛是决定谈判各方关系的一个重要因素，在较友好的气氛下，各方心态也比较平和，容易解决谈判中的难题。

1. 着眼于利益，而不是立场

维护或取得更多的利益才是谈判双方应特别关注的。谈判不应把精力集中在各自的立场上，而应是立场背后的实际利益，仅仅立场上的妥协也无助于形成明智的协议，更无法兼顾双方的真正实际利益。

2. 为共同利益创造选择方案

谈判不是非赢即输、解决的方法有很多种。尽量寻求双方利益上的共同点，在此基础上设想各种使双方各有所获的方案。

3. 坚持使用客观标准（我称之为规范）

如市场价值、专家意见、惯例等，运用客观标准进行谈判，形成公正且容易被双方接受的解决方案。

关于双赢，有一个分橙子的例子能进一步说明这个问题。

一天，甲和乙在为一个橙子而争抢。甲说："我来切。"乙说："你会切成一大一小，从而对你有利。"甲说："你切也会有这种问题。"两人一直争执不下，谈了一周也没结果，最后橙子烂了谁都没吃到，这是负和谈判。

换一种情况，两人也一直争执不下，但最后找到了解决的办法：由甲来切橙子，由乙先选择切好的橙子，这是运用客观标准进行谈判，但只解决了表面上的公平性，并未达到真正的双赢；有可能甲没切均匀，乙选了大的一半。这两种情况还都是"你失我得"的零和谈判。但甲乙分完橙子后，甲只要了橙肉而将橙皮丢掉，乙只要了橙皮而将橙肉丢掉。

让我们回到开始再重新来一遍，甲乙双方在沟通中了解到对方的需求，甲表明自己真正需要的是橙肉，用来制作橙汁；乙表明真正需要的是橙皮制作香料。结果甲得到全部的橙肉而乙得到了全部的橙皮，甲乙双方的收益都增加了一倍，真正实现了正和与双赢谈判。

让我们再回到开始再重新开始，如果甲乙两个人都想喝橙汁，而没有人要橙皮该如何处理呢？甲对乙说："如果你把这个橙子给我，你上次欠我的糖果就不用还了（甲的牙齿蛀得很严重，已经不能吃糖了）。"乙想了想，很快就答应了，因为乙刚刚得到 5 元，本来打算买糖还给甲，现在可以省下来买游戏装备了。"比起打游戏，谁在乎酸溜溜的橙汁呢？"乙对自己说。这也是一个双赢的例子，即不只谈这个橙子，不只在一件事上讨价还价，将许多议题同时拿出来谈，找到双方不同的利益所在，只对自己没有效益的问题上让步，最后得到双方都满意的结果。这个结果比起平分橙子，双方的获益要增加许多，也是正和与双赢谈判。

让我们再一次回到开始重新开始，甲和乙在为一个橙子而争抢，其实甲真正的想法是对乙有意见，因为上次乙在公开场合没有给甲面子，甲心里一直不爽，橙子分配只是借题发挥。乙通过第三方了解到这个情况后，主动向甲道歉："你大人有大量，我给你赔不是，你能不能把这个橙子让给我。"甲感觉有面子，心理得到很大满足，也就不计较了。如果着眼于立场，就是橙子谁多谁少的公平问题，但着眼于背后的利益，解决了立场背后的利益出发点（甲对乙不爽），就能设想出各种使双方各有所获的方案。这个结果也是双方的利益都增加的双赢——甲是感觉赢，乙是实际赢。

在现实世界里，大部分的谈判都是这种零和谈判及正和谈判甚至是负和谈判的变化组合，需要谈判者采用不同的决策，尽量创造双赢的局面，只要正和谈判用尽的时候才考虑用零和谈判，而负和谈判则要坚决避免。

二、正和谈判的实现方式

1. 需求不同，各取所需

大部分人趋向于假设对方的需求和自己是冲突的，最明显的是价格冲突，但你想要的未必是对方想要的或最需要的。谈判者根据自身的情况将谈判所要涉及的条件分成"must"（必须要的）、"want"（想要的）和"give"（可以给的）三类。"must"类条件要作为优先保护条款，不到万不得已不拿出来交换；"want"类条件就是可以通过谈判来努力争取的条件，也是谈判双方可以反复拉锯的条款；"give"类条件就是自己认为不重要，但是却可以拿来交换对方的"must"和"want"的条件。

客户说："零库存管理因此需要供应商 24 小时内到货；缺乏检测设备技术薄弱，需要厂家的技术支持。"供应商说："这些我都能做到，但价格要高一点。"当客户说："价格一定要低。"供应商说："价格可以商量，但付款一定要及时，还要签长期合作协议。"再举一个与代理商谈合作的例子，厂家："大品牌现款现货。"代理商说："我资金雄厚，你只要给我独家代理就可以了，这个区域交给我一个人做。另外，我主要是想通过跟你们合作，学习大公司的管理方法，需要一些培训。"

2. 需求相同，条件重构

你想要的看起来也是对方想要的或最需要的。假如谈判双方都把价格都设置为"must"必须要的底线，怎么办？看看是否存在这样的可能性，试着改变对方的条件排序，把对方的"must"改变为"want"甚至是"give"。请注意，这种改变一定是给客户带来更大价值的，例如当对方把价格作为第一选择的时候，你可以说服客户："如此关键的部件，同时占整个设备的预算很小的情况下，可靠和安全才是第一选择。"当你没有办法满足代理商的价格要求时，对方说："某某品牌价格比你低。"你可以说："他们品牌其实比我们还是差一点，我们真不在一个档次上。价格确实是一个方面，但关键还是要看价值。如果你用了一个不好的品牌，产品质量有问题，客户经常投诉，是不是很麻烦呢？再说东西卖出去，钱收了他们就不管了，我们有大量的售后服务，还有专门的销售人员来帮你一起把东西卖出去。能挣钱才是硬道理，您说呢？"

3. 从利益出发，寻求解决方案

当双方立场针锋相对，谈判要求无法达成共识时，要站在对方的角度考虑问题，了解其立场背后的原因，以解决立场背后的利益为出发点，设想各种使双方各有所获的方案，而这种解决方案一定是双赢的。

例如你需要现款现货，客户坚持30天账期，这是双方的立场，基于立场的谈判互不相让，但背后的原因又是什么呢？客户担心万一产品质量问题你不认账，而你却担心收不到货款。如果从解决利益的角度会有很多解决方案。解决方案1：现款现货但客户可以无理由退款，解决了客户的质量担心；解决方案2：给30天账期但要客户办抵押手续，解决了你对资金的担忧。

厂家与代理商谈合作，客户就提出这样要求："我跟你合作，价格、付款条件照你说的，其他条件我也都可以答应，但是有一个条件，我需要独家代理，这个区域我一个人来操作。"如果厂家政策所限，独家代理不能给，这是立场之争。这时候，你肯定要问一问他："你为什么对独家代理那么在意？"他可能说："上一次也是同样的情况，前面讲得挺好的，结果厂家在这个区域一下子投了五个代理商，大家互相打价格战，钱都没赚，前面的投资都打水漂了。所以，这一次合作一定要独家，不独家，我不干。"

挣钱就是立场背后的利益，从利益出发能否找到解决方案？销售人员可以这么讲："我很理解，如果代理商太多互相打架，有可能价格混乱，最后大家都挣不到钱，这个也确实是我们厂家不希望看到的。不过你放心，我们在这个区域里面准备开发三家，分不同的行业，有开发教育的，有开发企业的，有开发酒店的，客户互相不重叠。而且这三家代理商，每家都要收保证金，也就是这个区域里谁窜货、谁低价，我们是要进行罚款的。除了规范管理，我们还有销售的支持和市场推广计划。不管是独家不独家，能挣到钱才是硬道理，你觉得是吗？"代理商要独家但厂家没有办法提供独家这是立场之争，而能保证代理商的利益，这就是以解决立场背后的利益作为出发点的方案。

4. 把饼做大，不局限当前的议题

零和谈判认为：与对方谈判能够获得的价值总量是恒定的，他们的出发点是“如何把蛋糕分得多一些”。如果能扩大总体利益，就是把“蛋糕做大”，让同样的比例也能获得比以前更大的利益，这就是正和谈判。与其聚焦在当前议题，不如把思路做扩展，寻找更多增加价值总量的方法，例如与客户通过战略合作共同开发新产品、拓展新市场，让总体利益扩大，从而让双方都有利可图。

目前万科、恒大等大型地产集团公司都设立了战略采购部，与供应商签订战略采购协议。将原来各分公司各项目的业务通过集中采购，获得供应商十分优惠的采购条件。供应商也因此获得独家或主要供货资格，订单多了，也降低了销售成本，这就是把蛋糕做大实现双赢的例子。

对地产的供应商而言，虽然付出了优惠的付款条件，原来需要对地产集团的每个分公司每个项目进行攻关、投标和谈判，现在只要通过地产集团的评估和谈判就可以直接拿订单发货，节省了大量的人力、物力和销售管理成本。同时，由于获得销量是整个集团的量，供应商不但销售额大幅度提升，而且业绩是有保障的。另外，也可以直接屏蔽友商的竞争。

对地产公司而言：

第一，减少采购频次。减少供应商数量，通过一次性战略采购代替多次采购，减少采购的频次和采购的决策次数，提高采购效率，同时也减少客户供应商评估和招标工作量。

第二，降低采购成本。通过一次性战略采购集合多个项目的采购需求（或者未来开发项目的潜在需求），从而增加产品的采购数量，提高与供应商的议价能力，集中采购能获得供应商最优惠的价格，降低采购的直接成本。

第三，供应商的项目前期配合。通过战略采购选择固定的供应商，供应商在项目早期策划与设计阶段提供售前服务，按照供应商的产品进行项目设计，使供应商的产品与项目更好地有机融合，减少项目施工阶段的设计变更风险。同时，供应商可根据项目的进度提前安排生产，提高货物的交付速度，由此降低产品采购和使用的风险成本。

第四，共同产品研发。地产项目是由众多供应商产品的有机集成，通过战略采购确定产品的供应商后，地产开发企业可以充分利用供应商的技术能力和专业经验，共同研究和开发新产品应用到房地产项目中，以满足客户的需求。

第五，更好的售后服务。产品供应商的售后服务是地产企业对业主售后服务的有机组成部分。通过战略采购可以获得供应商更好的售后服务，提高地产开发企业的售后服务水平。

最后，对本节做的简单总结：哈佛谈判总结有四个原则：把人和事分开；着眼于利益，而不是立场；为共同利益创造选择方案；坚持使用客观标准。双赢谈判可以通过以下方式实现：需求不同，各取所需；需求相同，条件重构；从利益出发，寻求解决方案；把饼做大，不局限当前的议题。

第二节　谈判目标和最佳替代方案

富兰克林说过："没有准备的人，就是在准备失败。"一场谈判的成功，不仅需要在销售阶段改变力量对比，从而在未来谈判中占得先机，还有赖于上谈判桌前的策划和准备工作，谈判的准备工作是谈判桌上策略和技巧运用的路线图。准备工作做得好可以使己方增强自信，从容应对谈判过程中出现的各种问题，掌握主动权。尤其是在我方实力弱于对方的情况下，精心策划和充足的准备能弥补实力的不足。谈判的实践也证明，大部分重要谈判的成功都是与前期充分的准备工作分不开的。

谈判的前期策划和准备可以分为 5 个步骤：

- 确定谈判目标。
- 考虑对方的需求。
- 分析双方的实力。
- 制定谈判策略。
- 时间、地点、人员。

本章我们讨论了谈判准备 5 个步骤的第一个步骤：确定谈判目标。

一、谈判中销售人员常见的误区

1. 缺乏目标

谈判目标就是谈判者在谈判开始前预期所要争取到的利益，它指明了谈判的总体方向。缺乏目标或者走一步看一步的谈判者，一旦坐在谈判桌上，都会不由自主地被谈判对手带跑偏了。客户说："我们准备采购1万套，你们报一个新的价格吧!""采取现金支付和采用分期付款的形式，价格会有什么差别?""如果我们与你们签订为期三年的合同，你们的价格优惠是多少?"你在谈判桌上一步一步退让，最终客户以分期付款的形式买了1000套，合同签完后发现其实一分钱没挣，更要命的是三年合同的价格是固定的，意味着任何原材料的涨价都有可能导致亏损。这一切都源于谈判开始没有一个明确的目标和底线。

2. 谈判等于谈价格

价格（付款条件）不是谈判的唯一目标，或者说价格通常只是用于实现目标的手段，而不是目标的本身。客户一见面就问价格，我们的销售人员也经常落入对方的圈套。甚至也有主动谈价格的，随后双方进入零和的价格谈判模式，销售人员稍做抵抗就举手投降，或者再回公司跟老板博弈申请特价，其结果是客户把供应商的价格压到最低。

对客户而言，谈判的目标是降低成本（降低价格只是其中的一个手段）、减少风险。客户希望物有所值，希望在交货数量、货期、服务内容、质量要求、合同期限、价格和付款条件等方面达成协议。当客户从供应商的身上找不到可以提供的价值，也没有可以降低其成本的其他方法时，要求降价就成为他们唯一的选择。

当你把单一价格目标尽可能分解成多重目标，不只在价格上讨价还价，将许多条件同时拿出来谈，就有了双方交换的基础。找到双方不同的利益所在，对自己没有效益的问题上让步，即用"give"类条件交换对方的"must"和"want"条件，最后得到双方都满意的结果。

你看重的应聘者在工资要求上与公司有差距，你可以说：

“小王，你提了这几个诉求，其中提到了职业规划，都非常重要。作为过来人我给你一个建议，你最重要的就是学到东西，获得一个清晰的成长路径。你看可不可以这样，我承诺能够给你提供最大的帮助，让你获得职业发展规划上的指导，不知道你在薪资上是不是有让步的空间呢?”

当然，并不是说所有谈判条件都可以分解和交换，当双方“must”是一样的情况下，还要了解对方立场背后的利益，关注谈判对手的利益诉求要比关注其立场重要。双方在价格上相持不下，客户谈判当事人要低价的原因是向上级证明自己很能干，也可能是为了证明自己的清白，如果能解决他能干和清白的问题，价格问题至少不是尖锐的冲突。如图 3－2 所示。

图 3－2 分解成多重目标

二、目标的设置

1. 列出目标清单

把单一目标分解成多重目标，以利于交换。短期目标：价格、付款条件、数量、货期、质量要求、合同期限、服务（安装、保养、培训、配件供应等）；长期目标：未来订单、实现关联销售、树立样板客户。当短期目标实现不了至少还有长期目标，谈判这次不能赢可以下次再赢。

2. 确定优先顺序

什么是最重要的、次重要的？什么是不能放弃的？什么是可以放弃的？谈判需要交换，把所有的议题按照重要性排出顺序，这样才有交换的基础。“must”最重要的必须要坚守的条款、“want”次重要的不得已才拿出来交换、“give”可以放弃与对方交换的条款。

某供应商的销售经理与一家跨国公司的采购经理谈判。跨国公司最看重产品质量，采购经理要求供应商在品质满足要求的前提下，得到尽可能优惠的价格、更短的交期、稳定的供货，这家公司从不拖欠供应商货款，善待供应商是这家企业的文化。那么跨国公司的“must”是品质保证；“want”是价格合理、供货稳定、更短的交期；“give”是较好的付款条件和长期稳定的订单。而供应商希望获得可靠而稳定的客户关系和订单，其自身的品控、生产能力在行业内名列前茅。因此，供应商的“must”是长期稳定的订单，“want”是合理的价格、较好的付款条件，“give”是品质保障、供货稳定、更短的交期。

3. 设立理想目标、现实目标、最低目标（底线）和最佳替代方案

一位热气球探险家计划从伦敦飞到巴黎。他这次挑战的目标是顺利抵达巴黎，但是能在法国着地就不错了。其实，只要能不掉在英吉利海峡就已满足了。因此，他的理想目标是抵达巴黎，现实目标是在法国着地，最低目标是不掉在英吉利海峡。

谈判的理想目标：对谈判者来说能获得最大利益的谈判目标，它可以满足谈判者所有的“must”和“want”，和几乎所有的“give”。理想目标常常被谈判者作为开局的条件，能够实现理想目标，可以说是获得了“完胜”。

谈判的现实目标：谈判者通过谈判努力争取的目标，比理想目标稍低一点的目标。从让步顺序来说依次是“give”“want”，

最后让步"must"。如果一场谈判能够实现现实目标，我们就可以说是赢得了这场谈判。

谈判的底线目标：谈判者放弃所有的"want""give"和几乎所有"must"让步的极限值，尤其是"must"的最后底线。如果一场谈判仅仅能够实现了底线目标，我们只能说这场谈判"没有输"。

如果谈判的底线目标都没有达到，尤其是突破了"must"的最后底线，这次谈判是输的，或者是彻底失败的，你可以在被突破底线前离开。如表3-1所示。

表3-1　谈判的目标

目标清单	优先顺序	理想目标	现实目标	最低目标
长期订单	must	5年/5000吨	4年/4000吨	3年/3000吨
价格	want	3000元/吨	2800元/吨	2600元/吨
付款	want	30天	45天	60天
品质	give	欧盟标准	欧盟标准	欧盟标准
供货	give	确保	确保	确保
交货期	give	3天	3天	3天

1955年，当时还是名不见经传的索尼公司在日本开发出了小型晶体管收音机，引起了美国最负盛名的宝路华公司的注意。他们向索尼公司的创始人盛田昭夫提出了10万台小型晶体管收音机的订单，但宝路华公司同时提出一个比较苛刻的条件：产品要印上宝路华的商标。这个条件与盛田昭夫为公司制订的长远发展计划——将索尼发展为全球品牌是矛盾的。但10万台收音机的订单对索尼太有诱惑力了，为此盛田昭夫思考了一周，然后与宝路华公司谈判。他明确地告诉宝路华公司的谈判代表，他非常想接下这笔订单，但是无法接受贴宝路华商标的条件。最终，盛田昭夫

拒绝了这笔订单，因为采用索尼品牌是他的底线。

我经常听一些学员说："陆老师，这个项目我们是志在必得，领导要求不惜一切代价，一定要做下来，这是下了死命令的。"销售目标就是拿订单当然没错，请注意如果没有任何前提是比较危险的。用任何的价格、任何付款条件意味着你没有底线，甚至有销售人员对客户声称："友商什么价我们就什么价。"志在必得的目标也是有底线的，否则这样的项目即使做了也是失败。

三、最佳替代方案（BATNA）

有个朋友买房，找我帮忙砍价。我只问他一个问题："房子买不到怎么办?"

他毫不犹豫地回答："那就麻烦了，我女朋友要跟我分手。"我说："那太简单了，你带钱去就行了，根本不用谈判！因为你没有最佳替代方案，谈判必输!"

所以，有底线还得有最佳替代方案，如果一场谈判谈不成，最好的替代方案（Plan B）是什么？真正能让你在谈判中保持强硬的力量，是你有一个很好的替代方案。有工作时找工作容易还是失业时找工作容易？当然是前者。以前我和比较强势的代理商谈合作，对方提出一大堆条件，如果这个市场他一家独大，我只有乖乖接受了；但他不是一家独大，那我就可以暗示很想合作，但不要漫天要价，因为我们也有后备计划。

最后，对本节做个总结：谈判准备 5 个步骤的第一个步骤是确定谈判目标。关于目标的设置有以下三个步骤：

列出目标清单：把单一目标分解成多重目标，以利于交换。

确定优先顺序：什么是最重要的、次重要的?

设立理想、现实、底线目标，最佳替代方案让你在谈判中保持强硬的力量。

第三节　基于理解和权衡的谈判策略

前面讨论了谈判准备5个步骤的第一个步骤：确定谈判目标。本章我们将讨论谈判准备的其他步骤：考虑对方的需求、分析双方的实力、制定谈判策略。

一、考虑对方的需求

你的对手和你一样，也有谈判目标，目标的优先顺序、底线，无论是销售的沟通、谈判前的准备还是谈判过程，都需要不断了解和发现对方的需求。如果你重视对方的需求，谈判更有可能达成一致。搞清楚对方在意什么，不在意什么，相互尊重对方最重要的利益和优先考虑，把一方重视而另一方不重视的东西拿来交易，最后得到双方都满意的结果。

例如客户要实施零库存，特别在意送货时间，而你具备强大的配送能力，就可以以缩短送货时间来要求对方同意更好的价格或付款条件。客户某方面的需求越强烈，在其他方面的让步也越容易。我做大项目时，遇到地标性的建筑有示范效应，各个厂家都不惜一切代价志在必得，而项目业主也掌握了供应商的心理，在价格付款等方面获得优惠条件。

前一章案例分析中，如果了解到跨国公司的“must”是品质保证，“want”是价格合理、供货稳定、更短的交期，“give”是较好的付款条件和长期稳定的订单。与己方的“must”：长期稳定的订单；“want”：合理的价格、较好的付款条件；“give”：品质保障、供货稳定、更短的交期，有些条款是错位的，牺牲一些次要目标，是为了保护主要目标的达成。对自己不太重要的条件让步换取最需要的条件，例如以我方的“give”品质保障、供货稳定、更短的交期获取对方“must”和“want”。相反，对方的“give”较好的付款条件和长期稳定的订单可以获取我方“must”和“want”，最后得到双方都满意的双赢结果。如图 3－3 所示。

	客户	你方
must	品质保证	长期稳定的订单
want	价格合理、供货稳定、更短的交期	合理的价格、较好的付款条件
give	可以给供应商较好的付款条件和长期稳定的订单	品质保障、供货稳定、更短的交期

图 3－3　需求不同各取所需

当双方立场不同无法协调，当双方都把价格作为“must”，相持不下的情况下，要了解价格背后的真正原因，关注谈判对手的利益诉求要比关注其立场重要，以解决立场背后的利益为出发点，就能设想出各种使双方都满意的方案。代理商要低价格，否则就不合作，但他要求的价格是你没有办法提供的，怎么办？你可以说：“张总，价格当然重要，如果这个市场很混乱，价格再低也没用。其实，很多代理商除了价格，还考虑厂家管理市场的能力、市场推广计划、品牌影响力，这些都比价格低更重要，您觉得呢？”

H 公司曾经与一家长期合作的大客户签订了一个合同，合同标的是国外某品牌的 A 型号仪表 10 台，约定自合同签订之日起 30 天之内交货，延期交付 H 公司要承担违约责任。按照以往的经验，这样的交货期是没问题的，但是当时这个国外品牌的订单爆满，无法按时出货，H 公司就与客户协商要求延期交货，但是客户坚决不同意，说不能按时交货相当于违约，不仅以后无法继续合作，还要赔偿违约金。

H 公司的诉求是要求延期交货，而客户的诉求是不可以延期交货，否则赔偿违约金，谈判双方的表面立场是针锋相对、无法调和。但分析一下，我们就能发现双方立场的背后隐藏着一个利益：不要耽误客户交付和生产，只要能满足这个利益，所有的立场冲突就可以迎刃而解。按照这个思路 H 公司与客户最终达成共识的方案：H 公司先从同行业公司租赁 A 型号的二手仪表 10 台交给客户应急，合同延期 20 天交付，租赁二手仪表的费用由 H 公司承担，H 公司承诺合同交付后为客户延长一年质保期。客户同意了 H 公司的建议，交货延迟的问题得到了圆满的解决。

二、分析双方的实力

- 你有没有退路？有没有备选方案？
- 大家都能满足，还是你有独一无二的优势？
- 买方市场还是卖方市场？产品同质化还是差异化？
- 你能获得关键信息吗？
- 谁是强势品牌？你的成功案例多吗？
- 谁有时间压力？
- 采购经验丰富，还是你的专业程度更高？
- 你得到客户高层、技术或使用部门的认可了吗？

谈判双方的实力对比决定了谈判的沟通方式，当一方实力显著地强于对方，只有命令不存在所谓的谈判。只有双方的实力对比相差无几才有谈判，但真正的实力对等也是很少的，总是一方实力强于另一方，但还没有完全失衡的状态。谈判双方的力量对比将涉及在未来的谈判中，你需要采取什么样的谈判策略：温和或强硬的方式。温和谈判总是尽力避免冲突和摩擦，为了达成协议，往往很快做出让步；强硬谈判则以战胜对方为目标，坚守立场，常常导致两败俱伤；或者是哈佛大学双赢的原则谈判方式。

无论采取什么谈判方式，事实上卖方的优势比你想象得更多，很多销售人员总是感觉在谈判中低人一等，主动权掌握在对方客户手里。客户怎么对待你是你决定的，你是什么样的人就会吸引到什么样的人，而当你的产品太贵没有底气时，客户的态度就会自动跟你匹配。

让我们来听一下采购经理私下的话："我要买的是特种包装材料，不会有库存且要运到200公里外的工厂。我的客户订单也没有规律，有时接到一个大订单而且很急，我们就亟须供应商提供帮助，确保包装材料能紧急到位。如果缺少包装材料而使工厂停产，最终导致我们的订单无法按期交货，就得准备另找一份工作了。所以，我不敢对供应商采取最低价中标或者杀价太厉害。"

三、制定谈判策略

谈判策略的制定，除了跟双方实力对比有关外，还跟未来客户关系重要性有关，为什么在景区、车站的服务感受很差？因为他们不做回头客的生意。如果是重复持续的订单，让客户感觉好会给我们带来非常大的收益。事实上，与大客户维持关系的意义远远高于某个谈判的结果。对于大客户，每打进一个企业，搞定一个客户，都是需要时间的，既然整个投入期比较长，如果不能从它那里持续发掘出价值，我们的投入产出比就不高。为了把这个客户的价值最大化，从谈判策略上应当着眼于未来和长期的收益。另外，谈判策略还跟涉及的利益大小有关，以及和对方的谈判风格等因素有关。谈判有四种策略：双赢谈判、实力谈判、柔性谈判、感性谈判。

1. 双赢谈判

当你有优势，同时这个客户在与你的未来关系中非常重要，有持续采购能力，未来能给我们带来价值的客户。让对方知道你的实力，但并没有打算使用这些优势，让对方心存感激。坦诚的信息交换，关注对方的需求。向对方表明你意在发展双方关系，同时通过利益交换、满足立场背后的利益等手段达成让双方满意的结果。从交易关系、合作关系到建立彼此信任与承诺、建立战略合作，逐步提升客户关系。着眼于未来，提高客户采购的份额、扩大与客户的合作范围，最终实现双赢合作。

李经理是一家经营工业设备公司的服务中心经理，一天一个用户很气愤地打来电话，抱怨产品质量有问题，刚用不久就坏掉了。通过技术部门分析，产品是破坏性损坏，认为是用户使用不当造成的，但是用户不认可这种结果，要求马上换一台新的产品给他们。

按公司规定这种情况应该由用户承担，使用不当造成的损坏公司不负责保修。但是这样做用户肯定是不满意的。如果让公司来承担这笔费用，破坏性损坏导致维修费用约 4 万元人民币，用户是满意了，可是公司要承担看起来不应承担的损失。如果公司不承担这笔有形的损失，就有可能丢掉更大的无形损失，有可能永远失去这个用户。如果我们承担了 4 万元的损失，也许他给公司带来的利润不止 4 万元，但只是也许。怎么办？你合上书思考 2 分钟。

点评：到底是谁的过错，对方心知肚明，只是不愿意承认罢了。你也可以找第三方检测机构来评判，但这样做有可能是赢了官司丢了生意。如果经过评估，这个客户是关键客户，未来可能获得更多的生意，对错就不重要了。无论你做多少让步，必须让客户领你的情。

2. 实力谈判

当你有优势，同时这个客户是一锤子买卖，未来没有合作潜力，例如客户只有一个项目，从时间维度看，投入回报不高。要充满信心地提出你的谈判要求，但不可过于贪婪。如果你让对方感觉你过于强势，只会引起对抗，甚至对方会在合作执行中千方百计地找麻烦，要把损失弥补回来。聪明的谈判者会让对方感觉舒服，甚至让对手觉得是自己赢得了谈判，给对方赢的感觉，自己获得赢的结果。

曾经有个重点项目，我们的产品是通过国外设计师的指定被业主采用，但仍需要与总包签订合同。由于是国外设计师直接指定再加上业主的支持，我们在与总包沟通中比较强势，对于总包提出的配合费不予理会。结果后期施工时总包方处处作梗，项目进展不顺利，导致业主不满，最终花了更多的资金去摆平这件事，实在得不偿失。

3. 柔性谈判

当你处于劣势，同时这个客户在与你的未来关系中非常重要。正视谈判的客观事实：卖方和买方的地位不平等，处于弱势的我方在谈判中通过“示弱”等心理战术“以柔克刚”地维护自身利益和底线。不计较一城一池的得失，这次让你赢下次让我赢，着眼于未来合作的潜在收益，以适当让步换取长期合作。

有一次，奥康集团国际贸易部接下了意大利客商的一个订单，双方谈好产品单价为 23 美元，并签订了购销合同。但在产品投产时，他们发现在核算成本时将皮料的价格算得过低，若按实际成本计算，出口价格每双鞋至少还要增加 1 美元。当该部负责人将情况汇报给总裁，并请示是否与外商洽谈加价？总裁表示，既然签了合同，就是亏本，这笔买卖也要做。消息传到意大利客商的耳中，对方主动提出增加 1 美元，但被总裁婉言谢绝。他说：“多赚 1 美元少赚 1 美元并不重要，重要的是恪守信用。”意大利客商大为感动，当即将原来 20 多万美元的订单追加到 100 多万美元，并表示以后要和奥康集团建立长期的合作关系，下更多的订单。

4. 感性谈判

供应商谈判处于弱势地位时，要打感情牌，同时守住底线或有替代性方案。以赏识、归属感、自主权、地位、角色五个情感动机为杠杆，激发客户的正面情绪，也可以向对方示弱博同情，从而影响客户决策，获得理想的谈判结果。

你可以和对方说："我们非常希望与贵公司合作，也希望您能参考一下和我们同样条件的供应商的条件，如果能给我们一个更公平的价格就更好了。当然，如果有幸合作，我们一定会珍惜这次机会，全力以赴为贵公司做好服务。"这种柔软的身段和求助的姿态，反而能为处于弱势地位的自己争取更大的利益。

我们简单总结一下本节的内容，谈判准备第二个、第三个、第四个步骤。首先考虑对方需求（谈判目标、目标的优先顺序、底线）；其次以影响谈判实力的八个因素分析双方的实力；最后根据双方实力对比、未来关系的重要性，涉及的利益大小、谈判风格等因素制定谈判策略。谈判有四种策略：双赢谈判、实力谈判、柔性谈判、感性谈判。如图3－4所示。

对方实力对比

		优势	弱势
未来关系重要性	重要	**双赢**：大家一起赢 向对方表明你意在发展双方关系，同时通过利益交换达成让双方满意的结果（原则谈判）	**示弱**：下次让我赢 承认对方的实力，强调未来合作的潜在收益，以适当让步换取长期合作（柔性谈判）
	一般	**交易**：让你感觉赢 充满信心地提出要求，同时让对方感觉没亏（实力谈判）	**妥协**： 守住底线或替代性方案（打感情牌）

图3－4　谈判策略

第四节　谈判时间空间和人员选择

我们讨论了谈判准备5个步骤的前4个步骤：确定谈判目标、考虑对方需求、分析双方的实力、制定谈判策略。本节我们将讨论谈判准备最后一个步骤：时间、地点、人员选择。

一、谈判地点选择

有人对两万多场足球比赛进行了数据分析，得出以下结论：主场优势相当于三分之二个进球。谈判也应尽量选择主场，谈判本身是心理较量，陌生的环境会让对方产生压力，我方则形成一种巨大的心理优势能量。在自己熟悉的地方或环境里，说服能力明显比在陌生的地方或环境时高，除了心理优势外，谈判打主场还有以下好处：

1. 展示公司的实力

邀请客户考察，展示企业实力和产品生产的工艺流程，让客户眼见为实，增强对产品品质、供货能力、厂家信誉度等方面的信心。接下来的谈判因为有了价值作为铺垫，在价格方面的压力就会减少许多。某公司在上海设立产品体验中心，他们发现凡参观过的客户对公司的实力有了直观认识，感觉非常震撼，并表达了希望尽快合作的想法。于是，邀请客户参观该中心，成为该公司项目成功的关键一环。

2. 日久生情

客户来谈判，主人陪吃陪喝也是人之常情，“人非草木，孰能无情”，融洽的气氛让沟通变得轻松而随意，有利于谈判目标的达成。我有个客户在重庆，他们的客户来商务洽谈，一般会安排客户长江三峡游览。游览有一夜两天、两夜三天，还有直接到武汉的，如果客户允许，他们尽量安排更长的时间，一边欣赏三峡美丽的风景一边进行谈判。他们说："能这么长时间待在船上与客户亲密接触，与客户的关系不好也难，往往还没等下船，谈判条款就基本谈妥了。"

3. 以逸待劳

主场省时间、省差旅费，还可以避免车马劳顿。谈判是一项消耗能量的活动，为了取得好的谈判结果，一定要有足够的能量积蓄。另外，在主场有一些特殊活动容易被安排，比如什么时候打断？什么时候进入茶歇？什么时候请你的小伙伴进来插科打诨，让整个谈判过程被暂停？当谈判陷入僵局时，我方领导出马做"和事佬"并现场给政策。在你的主场，这一切都可以成为有秩序和有目的的安排，从而让谈判的进程有序地按照你的设想向前推进。

主场谈判是最理想的，不能争取到主场谈判，至少也应选择一个中立场所，例如咖啡馆、会所和高尔夫球场等。中立场所有利营造轻松和谐的谈判氛围，如果谈判双方陷入困境或敌意正浓，把谈判选择在中立场所重新谈判，有利于缓解谈判的紧张气氛。中立场所最好选择熟悉的地方，要比对手早到，先到的有主场的感觉；先到的理直气壮，后到的天生气短；先到者在谈判中得到的东西往往比后来的多。

最差打客场，不过客场也有弊有利。客场有利于了解对方的底细，对方的经济实力如何？目前用的是哪一家供应商？库存情况如何？其经营情况如何？产品是供不应求还是滞销？客场也有好处：便于使用拖延战术，可以以领导不在现场需要请示留有回旋的余地。

以前我在与代理商合作谈判前，要先到对方的公司考察。首先看门面和办公场所，门面看陈列：做哪些品牌？产品销得好不好？办公区域能够看出一个代理商管理的是不是规范：办公室很整洁，产品陈列、产品样本都井井有条，这个公司的管理就不错。其次看仓库，仓库是最能体现代理商的真实经营情况，比如根据仓库的大小估计库存大概有 100 万元的货，一年周转 5 次，也就是 500 万元营业额。代理商跟你讲一年可以做 1000 万元，数据就不准确了。再看一看库存产品的生产日期，如果在他的仓库里去年甚至前年的产品还没卖掉，他的库存周转是非常慢的，他说的周转数也不可信，连 500 万元都没法做到。最后，看员工的精神状态，如果代理商下面的员工都是垂头丧气的，每天都是无精打采的，那他很难经营好。如果你再跟他的员工细聊，老板有几个月没发工资了。那说明资金很紧张，接下来实在要合作也是可以的，款到发货是你的底线。

4. 座位安排选择

为什么过去典当行柜台这么高？因为当铺的盈利模式决定了它在接收顾客的典当物时，价格压得越低自己就越赚钱。试想来典当的人本来就因为囊中羞涩而难堪，当铺又是“居高临下”的位置，导致来典当的人极不协调的肢体动作和努力保持平衡时的紧张感。在谈价格时，掌柜有利于在气势上给顾客一种压迫感，从而让典当者产生敬畏感，不敢和当铺讨价还价。

座位的安排不仅仅是礼仪礼貌的问题，还是一种重要的空间语言，它可以影响谈判者的心理，在一定程度上可以对谈判的结果产生影响。有些客户坐在大空间的办公室和硕大的办公桌前俯视卖方，无形中给对方带来不安与压力。为了不至于在谈判心理上落下风，应避免对光座或对窗座，这个位置容易受外界干扰，最好面对入口，一般习惯认为面对门口的座位最具影响力，中国人称此为“上座”。如果要与对方拉近距离，可以选择大圆桌。一对一谈判也可以选择小圆桌或者与客户90°对角而坐。

二、谈判时间选择

1. 时间段选择

谈判时间段会极大地影响谈判者的收益，巧妙利用恰当时机也可以获得最好的交易条件。当你与友商相比处于优势要让客户早做决定，展开谈判，扫清合同障碍、尽快签约；当你与友商相比处于劣势，最好推迟客户决定，延迟谈判，搅局逆袭重新建立优势。当你还没有展示价值与客户建立良好关系前，也不要开启谈判。

2. 时间压力

谈判时间越长，双方耗费的人力、物力、财力也越多。但是这种耗费不一定是对称的，比如在拆迁谈判中，时间的拖延会对拆迁方造成巨大的损失，而对被拆迁方几乎没有影响。钉子户每拖延一天，开发商仅利息损失可能就要好几万元甚至更多。如果随着时间的推移，谈判形势对己方有利，则可以采取拖延谈判的策略，让对方逐渐失去耐心、失去坚持的动力，从而被迫降低要求，做出让步。

3. 时间点选择

谈判桌上斗智斗勇，是一项消耗能量的活动，为了取得好的谈判结果，能量不足时不要开启重要的谈话，尤其是谈判。要避免在经过长途跋涉后立即开始谈判；避免在连续紧张工作后进行谈判；避免在身体不适时进行谈判；避免寒冬时南方人到北方谈判；避免心理不稳定的情况下（与老婆吵架、孩子不听话等）谈判，谈判前保证有充沛的精力、头脑清晰才能开始谈判。在谈判中预防自己情绪失控，也要防止因对方失态而随之情绪失控，谈判前你需要更多的能量。

三、谈判人员选择

1. 主谈辅谈

决定谁是主谈谁是辅谈，一切以主谈为主，辅谈不要喧宾夺主，在谈判中不能提出与主谈不一致的观点，而是要呼应主谈的观点，不要打岔拆台。但当主谈忽略某个重要议题或跑偏时，辅谈需要提醒和纠偏。卖方主谈说："两个月内交货很困难，因为两个月内的订单都满了。"辅谈人员呼应说："别说两个月，三个月都难以保证，我手上还有一些订单呢!"卖方主谈说："好吧，如果你们实在要坚持这个价格，我们只好不卖了。"辅谈说："这不行啊，仓库快要爆仓了!"这就是打岔拆台了。

2. 黑脸白脸

黑脸说话义正词严，言语犀利，咄咄逼人，给人压迫的感觉；白脸则柔声细语，慢条斯理，给人如沐春风的感觉。黑脸是要在谈判中获得更好的条件，但搞得不好有可能激怒对方，导致谈判破裂、两败俱伤，这时候就需要白脸出来打圆场，让谈判继续下去。黑脸白脸可以有效地向对方施压，又不会导致冲突。很多家庭在教育孩子方面采用这种策略，为了使孩子"好好吃饭""认真学习"，父母分别扮演黑脸白脸，达到有效教育的目的。

3. 谈判风格

要注重谈判人员风格的匹配性和互补性。如果自己一方的谈判风格相对弱势，为了不至于在谈判中落下风，团队中要有个强势的黑脸或创造虚拟强势的"内部人员"。即使只有一个人出场谈判，也要为自己虚拟设计一些"其他成员"，以"团队"的形式出现在谈判对手面前。例如把自己设计成白脸，告诉对方："如果我们领导出马一定不会同意这样的条件。""合同我要给公司的律师审核。”如果自己的谈判风格相对强势，则要有个打圆场的和事佬或“第三方”，及时介入调停，避免冲突和陷入僵局。谈判人员还要考虑谈判者的性格和性别。

4. 谈判级别

要注意谈判成员职位对等、级别对等，对方是总经理参加，我方也要派总经理参加，除非我方非常关注这次谈判，想表示重视，可以派更高级别的领导参加。大公司往往派律师参与谈判，但有人认为：律师在谈判中往往把交易中存在的法律风险放大，并希望通过一份“完美”的合同来规避交易中可能发生的所有风险，这让很多谈判者不能接受，认为律师“把事情搞得越来越复杂”，降低了成交的可能。

最后对本节做个总结：谈判准备最后一个步骤是谈判时间、空间和人员的安排。首先，谈判主场和 C 位最理想有心理优势、中立场所有利于营造和谐氛围；其次，把握谈判时间节奏，选择加快或推迟谈判、拖延战术给对方时间压力、能量不足时不要谈判；最后，谈判要以“团队”的形式出现。

第四章
谈判沟通的七个关键点

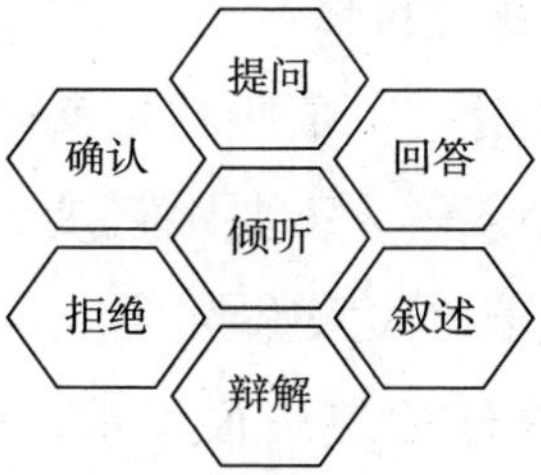

图 4－1　谈判沟通的七个关键点

第一节　谈判中的问、听、答

沟通分为“无目的沟通”（例如闲谈和聊天）和“有目的沟通”，是通过有效的对话与互动过程实现自己的目标。谈判是沟通的一种，是目的性更强的沟通。谈判沟通与一般的沟通相比，甚至与销售前期拜访沟通相比，有其特殊性。沟通包括语言沟通、语音语调和肢体语言三种形式，其中语言包括提问、倾听、回答、叙述、辩解、拒绝、确认七个关键点。本章我们先讨论谈判中的问、听、答。

一、谈判中提问的注意事项

1. 事先设计好问题

有经验的谈判人员往往事先设计好问题，先提出听起来很一般的问题，如果对方不假思索地回答，很可能已经承认某种逻辑，这时再让对方回答第二个或者第三个重要问题，对方只好按照这种逻辑回答，或许这个答案正是我们需要的。

导购员：“这款地板您喜欢吗?”

顾客："我还要比较下价格。"

导购员："您说得对，买东西就是要多比较。您一定要多关注环保指标，尤其是小孩每天都要跟它接触，您说是吗？"

顾客："是的，孩子比大人脆弱。"

导购员："您有这样的想法很正常，毕竟健康是最重要的，家庭装修环保应该是第一位的，喜欢的款式也很重要，毕竟要看几十年，一分价钱一分货，您说对吗？"

顾客："对。"

2. 提出问题后闭口不言

有一种说法：谈判中谁先说话谁先死。谈判要了解客户的谈判要求，验证对方的目标、优先顺序、底线，对方说得越多，我方了解的信息就越多。你说："为了提高谈判的效率，如果你愿意，我非常欢迎你能够花几分钟时间。将您看重的利益诉求罗列清楚。这样我方就能在合理的范围内尽可能满足贵公司的条件。"然后闭嘴真诚地看着对方，当客户已经回答了你的提问，你继续保持沉默，对方可能会觉得是不是还没解释清楚，所以继续解释。除了保持沉默你还可以用鼓励性的肢体语言和对方互动，表示你希望他说得更多。客户实在不想说的时候，你也可以提问："我的意思是……我希望更多地了解……"总之，对方说得越多越有利。

3. 对方回避不答时

如果对方不答，这时不要强迫，要有耐心，待合适机会再继续追问或换种提问的方式，连续发问会让对方产生防范心理。我们也可以转换一个角度，并且用十分诚恳的态度来问对方，以此来激发对方回答的兴趣，例如要摸清对方的底线，不妨用一个假设的问题投石问路，你可以这样问："如果我们同意你的要价，可以给我们的订单金额最多是多少"，或者"如果同意你们的付款期限，你们能接受的最高价格是多少"。其实，客户也经常用这招来套取供应商的底线，客户说：“我们准备采购 1 万套，你们报一个新的价格吧！”“采取现金支付和采用分期付款的形式，价格会有什么差别?”

4. 重复提问同一个问题

为了验证对方回答的真实性，同样的问题重复问几次，真实的回答前后一定是一致的，当对方的回答前后不一致，说明他的回答有问题。当然，同一个问题可以有不同的提问方式，例如询问对方的年度总供货量后，在适当的时候询问其每个月的实际供货量，就能判断他回答的真实性了。警察也经常使用这个策略，警察在审问犯人的时候通常会问一长串的问题，过一段时间又提审，但问的却是同样的问题。如果发现前后不一致，说明这个嫌疑人说的是假话。当然，客户同样会用这样的方法来验证你的信息，所以我建议谈判中一定要记笔记，既可以判断对方回答的真实性，也可以避免自己犯这样的错误。

5. 问答案已知的问题

目的是来验证对方的诚实程度。这样做可给对方一个暗示，即我们对整个交易的行情是了解的，我们也充分掌握了对方的信息，从而在谈判中占据主动地位。客户经常用这个方法来验证供应商的报价的真实程度，以一个市场上比较常见的产品或其比较熟悉的产品来试探价格，以此来判断供应商有没有虚高报价。

有一次我与宁波地区的销售代表一起去巡视当地最大的建材市场，当时我们的产品在宁波地区占有压倒性的市场份额，整个市场的铺货率接近 100%，几乎看不到友商的产品，当然价格也非常透明。在走进一家竞品代理商的铺面时，发现在其铺面最好最显眼的位置竟然放着我们公司的产品，我感到很得意，也百思不得其解。当我指明要买我们公司的产品时，营业员报出的价格竟是我们一级商的进价，更使我吃惊的是，营业员指着我们的产品说："这种产品的质量不太好。"他又指了指竞争品牌说："这种产品价格贵一些，但质量绝对没有问题。"我想其目的就是用大品牌吸引客户，再用一个公开的价格来给其他产品的价格做背书。

二、谈判中倾听的注意事项

1. 用积极的肢体语言

点头、微笑，用鼓励性语言回应："你的意思是说……然后呢?"尽量让客户多说，越了解对方，谈判中你就越主动。当然，最糟糕的情况是对方已经透露了重要的信息和线索，而你却忽略了，要抓住对方"几乎没有、特殊情况例外、除非"等重点词，这表示对方还有空间，为自己争取更多的优势。认真地倾听，也是赢得客户好感乃至信任的关键，谈判者向对方做出的最不费力的让步就是让他们知道，你确实在倾听他们说话。

2. 鼓励对方提出所有的条件

不要急着回应，更不要反驳争论，哪怕对方提的条件很离谱，不露声色了解客户所有的谈判要求。如果你在还没有弄清楚对方全部谈判要求之前，对客户的每一个要求加以回应，你就会失去控制谈判的机会。客户的策略是先狮子大开口，然后讨价还价，最后只解决了价格问题，然后不断重复这个过程，再解决付款、产品质量、售后服务问题，你被迫一步一步退让。

3. 不要打断对方

在对方发言时，如果我方有疑问，也不要打断对方而急于提出问题，因为这样做不但影响对方表达真实需求，而且会暴露我方的意图，对方会马上调整其后的讲话内容，从而使我们失去本应获取的信息。我们可先把问题记录下来，等在对方讲完后，在合适的时机再提出问题。

三、谈判中回答的注意事项

在谈判的过程中，最理想的情况是我问对方答，谈判高手也都是提问高手。但客户提问不可避免，有选择地与对方交流我方的信息，不能客户问什么答什么，总有些客户想知道的你不一定如实告知，一些你愿意让客户知道的信息。怎样回答才能既让谈判顺利进行，还巧妙避开客户可能提出的一些不可控问题，避免说错话呢？

1. 回答前留一定的思考时间

贵人语迟，对谈判中对方所提出的问题必须经过慎重思考再回答。谈判绝不是竞赛抢答，祸从口出，很可能说错话导致自己被动。沟通中有一个黄金六秒原则，就是回答前等六秒，你会发现哪怕仅仅是六秒，你的回答也许比脱口而出好很多。冲动是魔鬼，遇事不着急，在对方提出问题之后，你可以说“这个问题我待会儿回答你”，或者可通过缓慢喝一口茶（注意千万不要一口喝完）；调整一下自己的坐姿；翻一翻笔记本等延缓时间。这样做既能给自己思考的时间，也显得自然得体。例如你太太问你：“你的钱哪去了？”如果你还没想好如何回答，你就说：“什么钱？”她会说：“钱包里的钱。”你问：“哪个钱包里的钱？”她说：“黑色的钱包。”你问：“哪个黑色的钱包？”

2. 搞清对方提问的目的和动机

谈判者在谈判桌上提出问题的目的往往是多样的，如果我们没有深思熟虑，弄清对方的动机，按照常规做出回答，结果可能很糟糕。例如对方先问你在某个行业有没有成功案例？某公司是不是你们的客户？如果你说：“是的，行业很熟悉，和某公司合作很久。”同时，滔滔不绝地介绍合作的细节。而对方恰恰忌讳使用竞争对手的供应商。这时你最好了解对方的真实意图，不直接回答而是反问："您对这个问题这么关注，有什么特殊原因?"了解情况后再回答比较妥当，或者说有过一些接触，然后再了解对方的意图。

3. 需有足够数据支持我方立场

回答问题、阐述立场需要数据支持，否则你的回答很空洞，没有任何说服力，在谈判中也达不到争取己方利益的目的。买方说："某产品比你好，服务比你好，价格比你优惠，你需要有数据来说明为什么你的产品反而价格高?"例如虽然直流变频压缩机要比一般压缩机的空调贵30%，但它在运转的时候可根据实际空调开启的数量，在5%～100%变频调节，相比其他非变频压缩机能省电30%左右，每年能节省资金×××万元。随着国家对节能减排越来越重视，非变频压缩机越来越边缘化，直流变频压缩机的产品已是市场上标准配置了。同时，展示权威推荐、公开报道、检测报告证明我方立场。

相反，你没有办法对价格做出说明就会很被动。

客户问："这个零配件怎么比那个贵两倍?"

销售人员回答："这个零配件是原来的升级版，把按键改为触控，更高档，也更方便。"

客户说："你别忽悠我，我知道触控只是把弹簧改成电阻，成本最多增加5元。"

销售人员有点尴尬："您这么了解，我再去问工程师，看能否降价。"

4. 有些问题不必回答

谈判中并非任何问题都要回答。对方想了解我方企业、产品、谈判条件，应视情况而让对方了解，对于那些我方需要保密的信息可不予回答，沉默或者笑而不语，或者说这个问题没有授权，回去给上级汇报请示后再回复。确实不能拒绝回答时，经验丰富的谈判人员也可以不正面回答。客户：“这台空压机多少钱?”销售人员：“价格与空压机的选型有关，而选型与工作压力、容积流量和供电容量都有关。”没有直接回答客户的问题，但好处是把问题转出去，更好地把控了整个谈话方向和主动权。对方可能回答不了解，很好；如果能回答，至少把谈话的方向从价格转向设备的技术参数和工况。或者含糊其词，对方见面问价格，你说“放心，一定给你一个优惠价”“不会高于行业平均价”。或者答非所问转移话题，当对方问价格，你跟他聊聊生产工艺。比如你太太问你：“你的钱哪去了?”你回答：“你今天打扮的真漂亮。”

5. 不清楚的问题坚决不回答

谈判中尽管我们准备很充分，也经常遇到陌生难解的问题，这时，谈判者不能为了维护面子强行答复，因为这样做极有可能损害自己的利益。我国某公司与外商谈判合资建厂事宜，外商要求减免税收，中方谈判代表恰好对这方面的政策不太了解，可为了签约而盲目答应了，结果使中方陷入十分被动的局面。谈判难免会碰到一些技术问题或财务问题，对于不懂或不清楚的问题，谈判者应坦率地告诉对方不能回答或暂不回答，或者说这个问题要咨询技术或财务，了解后再答复，避免自己付出不必要的代价。

6. 回应对方的要求用“如果”

在谈判中，当直接回答对你不利时，你可以用“如果”一词来回应对方。当对方提出要求时：“价格可以不可以再降 2 个点?”“付款可不可以延长到 1 个月?”很多人会习惯性地用“YES”或“NO”来回答。这时候我们是被动的，如果回答“YES”可能对我们不利，回答“NO”有可能谈判破裂。但用“如果”来回应，就会让我们在谈判中由被动转为主动，“如果价格再做一些让步，你一年能给我多少量？”“如果我们适当延长付款，你能自己提货吗？”当然客户也用这招，在谈判中，当你问“是否可以签订三年合同”时，对方可以对你说“如果我和你签订三年合同，你能给多少优惠”。当你问“你是用现金支付还是分期付款”时，对方可以说“如果我用现金支付或分期付款，你方的产品价格有什么差别”。

最后做个总结：谈判是一种有目的沟通。沟通包括语言沟通、语音语调和肢体语言三种形式。本节我们讨论了谈判沟通中提问、倾听、回答的注意事项。下一节我们继续讨论谈判沟通中叙述、辩解、拒绝、确认的注意事项。

第二节　谈判中的说、辨、拒绝、确认

我们讨论了谈判沟通中提问、倾听、回答的注意事项，这里继续讨论谈判沟通中叙述、辩解、拒绝、确认的注意事项。

一、谈判中叙述的注意事项

1. 语调平稳

不急不躁，掌握谈话的节奏，从容不迫、娓娓道来，是内心强大充满自信的表现。谈判中用缓缓地喝一口茶、挺一挺身体等动作来延缓时间，显示你对谈判胸有成竹。反之，谈判中说话与回话速度太快，再加上急于成交的肢体语言，都是不利的。谈判要带着谈不成的心态去谈，如果条件对自己不利，不一定非得做这个生意。当你抱着这样坦然的心态跟客户谈判，反而容易获得客户的尊重并顺利成交。

2. 语气谦和、表达委婉

在强势地位中不盛气凌人，弱势状态下不卑不亢，被人戳到痛处或短处，不气急败坏是一种谈判修养。当对方的条件与你的想象差距很大时说“你漫天要价，完全没有诚意”诸如此类反诘、质问对方的话于事无补。你可以告诉对方：“贵方的报价与我们的差距太大，和市场情况也有较大差别，我方希望贵方能慎重考虑一下，给出一个合理的价格……”

有一次，我参加一个项目谈判，对方处于谈判强势地位不断压价，态度也不友好。我耐着性子与他周旋，最后我诚恳地说：“张经理，我今天是抱着要谈成的态度来的，我理解的谈成不仅

仅是协议上的签字，这仅仅是项目成功的第一步，我更看重的是合同能够圆满地执行，以及未来提供长期的服务，这样的合作才是没有后遗症，能让双方都满意。”我说完这句话，对方也就不说什么了。

3. 逻辑清楚、表达一致、客观真实

谈判者的思维要清晰，逻辑要严谨，言语表达前后一致。谈判中的叙述不同于日常生活中的闲聊，日常生活中的闲聊是无目的沟通，只要聊得爽、聊得嗨就可以了。而谈判是有目的沟通，没有条理、缺乏重点的叙述，让人听后不知所云，影响了谈判的沟通效果。说话没有逻辑，观点缺乏有力的支撑，也使你的观点在谈判中失去说服力，达不到理想的谈判结果。有一种金字塔原理是先讲观点再说论据，从上往下、从左往右递推，使得要表达的内容层次分明，条理清晰，从而达到理想的说服效果。

“白老板，买什么样的设备都是为了挣钱，要算投资回报。为什么说买我们的设备对您更有利呢？第一，达到同样的产能需要买 6 台设备，总成本大约 60 万元，而我们的设备只需要 3 台，也就是 75 万元。差距其实很小，对吗？第二，再和您算一下设备的使用成本，这里我们只比较电费的区别，使用 1 台 ×× 最多可以节省 1.68 万元。只要三年时间，节省的电费就能让您把设备差价赚回来了。第三，3 台设备才需要 1 名技术操作工人，6 台设备多出一个工人的成本，每年起码 12 万元，买我们的设备一年为您节省了 12 万元。第四，万一白老板以后有新的投资方向，五年二手设备的价格还可以比其他品牌多 10 万元，我还没有算使用我们设备生产的产品，光滑度和强度优于对手这个优势呢？”

在叙述观点时，应力求准确无误，不能前后不一致，否则会使得对方对我方的观点的真实性产生怀疑，从而使我方在谈判中处于被动的局面。所以，我建议谈判中一定要记笔记，既可以判断对方回答的真实性，也可以避免自己犯同样的错误。同时，叙述基本事实时，应本着客观真实的态度进行叙述，可以保持沉默但不说假话。如果由于自己对事实的不实描述的行为被对方发现，会大大降低本公司的信誉，导致对方不信任，从而使我方的谈判实力大为削弱，也损害了未来双方的合作关系。谁愿意和可能欺骗自己的人做交易呢？

二、谈判中辩解的注意事项

哈佛谈判原则认为：谈判中把人和事分开。谈判中人们往往忽略一个基本事实，即对方是活生生的人，不是一个抽象的对方的代表。谈判中双方观点不同、立场差异，一方免不了为自己的立场进行辩解，或对另一方的观点进行辩驳，闹得不愉快而导致谈判效率降低甚至失败也是时有发生的。

谈判中由于不重视对方的情感动机，导致负面情绪，使得我们深陷对错之争，而忘记本次谈判的真正目的是什么。因此，谈判中要先解决心情再解决事情，表达观点态度诚恳、委婉，坦率说出自己的不同想法，这样你的观念易于被对方接受。在否决对方的要求时，也可以这样说："您说的有一定道理，但与实际状况有一些出入。"然后再不露痕迹地提出自己的观点。这样做既不会有损对方的面子，又可以让对方心平气和地倾听自己的意见。

除了重视对方的情感动机，为了能更清晰地论证自己的观点和立场的正确性及公正性，在论辩时要运用客观材料，以及能够支持己方论点的证据，以增强论辩效果。由于原材料和人工费的涨价事实导致价格不得不做调整，并出示证明材料。在论辩过程中，要有战略眼光，掌握大的方向，不在枝节问题上与对方纠缠不休。辩的目的不是为了战胜对方、分辨对错，而是为了说服对方，获得己方的利益。

我以前的公司有一款批墙的石膏粉产品，因为友商这款产品进入市场早，他们的石膏粉是白色的，我们的石膏粉是浅灰色的。客户就认为白色的质量好，灰色的质量差。石膏粉的颜色只是产地差异，更何况同品牌的石膏粉由于批次不同也有差异。这就是客户先入为主形成的判断，你很难改变他们。跟客户争论对错没意义，结果我们价格上没有让步，只是在合同里说明：如果使用效果不好，一分不收，客户也同意了。

三、谈判中拒绝的注意事项

谈判中拒绝是一门学问，你可以直截了当地拒绝对方的谈判条件。但有时为了照顾对方的情绪，避免对方不快，从而使得谈判顺利展开，拒绝对方时要掌握一定的技巧。拒绝对方可以有以下方式：

1. 以行业内的惯例，或公司制度所限等作为拒绝的理由

"张总，您要求的45天付款周期实在没法做到，行业内都是现款现货。不瞒您说，像您这样重要的客户，我们公司规定最多15天付款周期。"客观标准（也称之为规范）：可以帮你缓解与客户的紧张关系，拒绝真正的原因不是你，甚至不是公司而是标准的问题，这样的拒绝容易获得客户理解或谅解。我听一个房产中介说过，所谓"中介费不能谈""中介费都是公司统一条款"都是中介的话术，别太当真。只要是合同，条款就有洽谈的空间。

2. 提出对方无法接受的条件

有时为了避免直接拒绝导致对方尴尬，也可以提出对方无法接受的条件，让对方知难而退。明知道对方付款比较慢，当对方要求你降价，你可以要求对方先打款。

我在与代理商谈判沟通中，碰到对方说："我一定要做独家，我非独家不做。"当厂家不希望代理商做独家时，可以提出对方无法接受的一些条件。"张总，你要独家，我们可能会有一些要

求，你能不能马上打款，马上签合同。”如果他知难而退：“那不行，我再考虑一下。”如果他说：“可以，我现在就打款，你能不能给我独家。”你提第二个条件：“如果你要做独家，你也给我一些承诺，同类同档次产品不能再做其他的品牌了。”还是有两个答案，一种他知难而退了；另一种他说：“我还是要做独家，我同意你的要求。”再提出第三个条件：“对于独家我们是需要保证金的，因为独家对厂家的风险很大，你未来目标没有达成，或者你又做其他品牌了，我们要有一些限制措施。”他也有两个回答，一是他知难而退；二是“我也可以给你保证金”。你提出那么多条件，对方都同意的时候，这个代理商就是铁了心要和你做生意了。这种情况下独家就独家了，这种客户可遇不可求。还有一种情况：你提出的条件他都不同意，他就是要做独家，这也有可能是对方拒绝你的一个借口。

3. 拒绝要有数据支持

“如实”告诉对方原料的价格、人工成本、日常运营费用、折旧费和税费，再加上售后服务的成本，他要求的价格确实无法覆盖正常的费用，请其谅解。如果有人愿意这么干，要么是牺牲品质，要么是牺牲服务。

我国有关部门想从某国进口50万伏超高压变电设备，我方谈判代表在谈判前做了精心准备，查阅了大量的数据：对方生产此类设备的成本、对方多年来物价指数及汇率的变化、他们出口到其他国家此类设备的价格。正式谈判开始，对方代表报出了很高的价格，我方代表指出其价格应该减去一半，对方提出质疑，我方代表拿出事先准备好的大量数据说明。经过两个多月的艰苦谈判，最终对方同意以合理的价格与我方签约，降价幅度达500万美元。

4. 用沉默拒绝

当对方提出要求时，我方保持沉默，让现场保持一段时间的安静。这时候对方会感到疑惑：是不是我的要求太过分了？通过有意识的沉默不语，再配合适当的肢体动作，例如摇头、惊愕，令对方难以琢磨，往往可以促使对方在我们回答问题前先降低要求，达成有利于我方的目标。有一次谈判，客户说价格必须含运费，有一部分货要送到他们的离总部1000千米外的分公司。我只是微笑地看着他没说话，过一会他自己不好意思地做了让步，运费的差价他们自己承担。

四、谈判中确认的注意事项

据统计，谈判高手与一般谈判者的区别在于确认回答以加深理解的数量，前者是9.7%，后者只有4.1%。谈判中听话者按照自己的主观来理解对方的谈话；或对别人的话进行毫无根据的推论；或忽视与自己心愿不符的意见，往往会扭曲对方的本意，导致接收信息不准确、判断失误。

客户："如果你们能提供和目前供应商一样的服务，我们可以考虑把供应商换成你们。"

销售人员："我们可以月结或按季度结账。"

客户："我们乐意接受这样的结算方式。但结算方式不是我们考虑的重要因素，我们关注的是交货方式。"

如果对方提了一个建议，但你感觉不太明确，必须弄清楚客户的真实意图，避免对谈判条款的理解出现偏差而导致被动。确认型提问可确保双方的沟通在同一频道，例如"那么您的意见是首付40%，项目完成1年内再付60%，我的理解没错吧""安装和调试时间必须在年底前完成，我的理解对吗"。你不需要担心你的总结不准确。如果不准确，对方会直接修正你，对方一旦修正了，就意味他最看重的是什么。

除了语言沟通，还包括语音语调和肢体语言的沟通。人与人的沟通：7%通过语言，38%通过语音语调，55%通过肢体语言，沟通中语音语调和肢体语言比语言沟通对人的影响更大，而且很难被隐藏。人有许多体态语言，如表情、眼神、手势、姿态及声调高低变化等，它们都是潜意识的告密者。当你与谈判对手面对面的时候，一定要仔细观察对方的表情。当你报出价格对方表情惊讶时，说明你报的价格过高或过低；或者当你确认对方条件时故意说错价格，从对方的表情和回答的语调可以判断其底线的大致位置。当对方不断擦拭眼镜时，说明对方非常紧张。当对方人员交头接耳的频率很高时，就可以判定他们的意见不太一致。当对方说："说实话，我们是在做赔本的买卖。"从表情上判断实际上不一定不赚钱。当然，高手也会用这些来误导你。

而当你双手手心向上，伴着无奈的语调说："价格真的没有空间了！"可以让对方更加相信。当客户说别家的产品不错但价格比你的低。你苦笑摇着头以无奈的语调说："老板，真的不是一个档次！"当遭遇对手的攻击指责时，一个微笑的表情反而让对方无法判断虚实。做出妥协和让步时，一个痛苦的表情会让对方认为你做出了巨大的牺牲。

最后做个总结：我们讨论了谈判沟通中叙述、辩解、拒绝、确认的注意事项，沟通中要注意对方的语音语调和肢体语言，因为它们比语言沟通对人的影响更大，而且很难被隐藏。如图4－2所示。

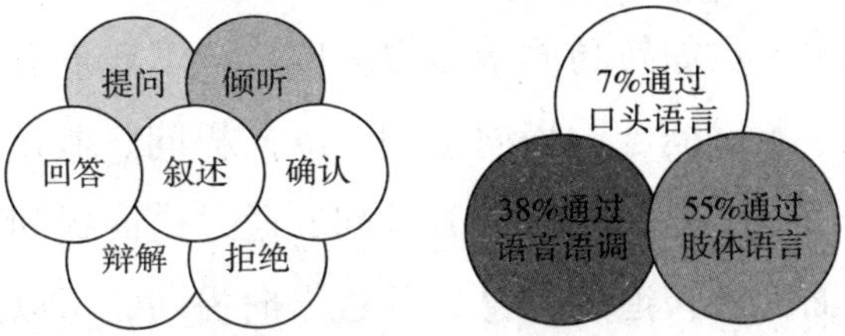

图4－2　沟通七个关键与三种形式

第三节　谈判的六个黄金提问

谈判中的沟通行为统计数据显示，谈判高手与普通谈判者最大的区别在于提问的数量和质量。一场谈判中谈判高手的提问数量占整个沟通行为的21.3%，而普通谈判者的提问数量只有9.6%；前者确认回答以加深理解和总结占17.2%，后者只有8.3%，如表4－1所示。除了数量，谈判高手往往也能提出高质量的问题，可以说谈判高手也是提问高手。

表4－1　谈判高手与一般谈判者最大的区别

	谈判高手（%）	普通谈判者（%）
提问	21.3	9.6
确认回答以加深理解	9.7	4.1
总结	7.5	4.2
总计	38.5	17.9

谈判中若能让对方多说话，你就能占有一定的优势，当对手开口说话时，你可以了解与谈判相关的信息和客户真实意图。在谈判中，销售人员如何高质量地提问呢？以下我们分别介绍谈判中常用到六个关键问题：横向提问、纵向提问、假设型提问、风险型提问、引导型提问、承诺型提问。通过横向提问，你就会问出你不知道而你想知道的信息；通过纵向提问，可以透过立场了解其真实的利益，从而实现双赢；通过假设型提问，投石问路，避免在谈判中无意义的主动让步；通过风险型提问，可以提醒客

户不合作存在的风险；通过引导型提问，主导谈判走向，解决双方的分歧；通过承诺型提问，与客户达成共识与成交。

一、横向提问

横向提问是让客户说出所有的交易条件，你想要的未必是对方想要的或最需要的。谈判者根据自身的情况将谈判所涉及的条件分成“must”“want”和“give”三类，最理想的情况是用自己认为并不重要的“give”条件，拿来交换对方的“must”和“want”条件。在谈判初期，销售人员主要是探询摸底，使用横向提问了解客户所有谈判要求：谈判目标、目标的优先顺序、同时试探对方的谈判底线。

了解对方的谈判目标：“为了提高谈判的效率，能否将您所看重的条件罗列一下？”将谈判目标细化：“您对售后服务有什么具体的要求，可以说得更详细点吗？”了解目标的优先顺序：“您最关注和最想解决的问题是什么，您能排个序吗？”“价格和付款条件您最关注的是哪一个？”“在所有条款里，您不太关注的是什么？”探索对方底线：“能否诉我，您可以接受的极限价格是？”即使客户虚假回答或给一个很低的还价，至少也可以作为与对方谈判的参考基准点。

当客户开始提出谈判要求的时候，不要忙着回应，让客户说出所有交易条件，例如：“除了价格，还有什么问题需要解决？您能说得具体一些吗？”如果你在弄清楚完整的谈判条件之前，对客户每一个要求都加以处理或回应，你就会失去控制交易的机会。客户会各个击破，先谈价格、再谈付款、最后再提出质量要求，到时候你发现所有的条款都得让步，就非常被动了。正确的做法是横向提问，让客户说出所有的交易条件，用一些对你相对不重要的让步来交换我方重要的条件。

二、纵向提问

纵向提问是了解条件背后的原因、立场背后的利益，背后的原因和利益才是谈判双方争执的核心。“为什么此次对产品的质量要求超出国家标准?”直接向对方询问，开诚布公地表明你愿意寻找可以满足对方利益的方案。根据需求冰山理论，立场就是显性需求，是客户提出的谈判要求和条件。利益就是隐性需求，是提出谈判条件的原因。

双赢谈判原则用一个例子来说明利益和立场的区别，图书馆阅览室中，有读者要开窗，有读者反对开窗，全开还是半开或者是30%开启就是立场之争。要求开窗的读者的实际需求是希望空气能流通，反对开窗的读者的实际需求是临近马路太吵，这是双方背后的利益。满足其共同利益的方法可能是开启隔壁房间的窗户让空气流通，而本阅览室也没有噪声影响。其实，生活中也到处存在利益和立场的例子：一个女孩提出的结婚条件是在房本上写上她的名字，这就是立场之争，但有没有想过背后的利益呢?女孩担心未来没有保障缺乏安全感，男方担心未来人财两空。当双方立场针锋相对，谈判要求无法达成共识时，通过纵向提问“你担心的是什么”了解立场背后的原因，以解决立场背后的利益为出发点，设想各种使双方各有所获的方案，也许能找到解决的方法。

某客户要求设备必须7月1日前安装到位。当这些条件双方无法达成一致的情况下，销售采用纵向提问，了解条件背后的原因，为什么设备必须在7月1日前安装到位?从客户那里了解到：定这个日期是因为市长来考察和剪彩。以解决立场背后的利益为出发点，设想的解决方案是：首先，不一定要全部完工，先完成领导要考察的那部分；其次，对领导要考察的那部分还可以重点优化，让领导更满意。

三、假设型提问

假设型提问是为了投石问路，可进可退。没有交换的让步等于白白让步，你希望做出小的让步，换取对方的善意是无效的。无条件的让步相当于坐上下滑梯，让你一下子滑到价格的底线。先提出一个假设型问题试探对方，如果对方接招可以继续讨论，如果对方不接招，也可保留谈判初期提出的条件，避免无意义的主动让步。“如果贵公司同意采取现金付款的方式，还可以有1%的折扣。”“如果签订三年合同，我们愿意考虑你们的条件。”客户也可能用这样的方法来试探你的底线：“如果我们与你们签订为期两年的合同，你们的价格优惠是多少?”“采取现金支付和采用分期付款的形式，你们的产品价格会有什么差别?”

四、风险型提问

风险型提问是提醒客户不合作存在的风险。客户采购谈判的目的：获得价值、降低风险。要提示客户购买中潜在和隐蔽的风险：新品牌产品质量的不确定性、转换供应商的风险、关键设备运行不良连锁反应可能给客户带来的后果和影响。例如“缺乏准确度高的检测设备，食品的安全性得不到保障，这对企业意味着多大风险?”“供应商的供货不及时，对工厂的生产有什么影响?”

销售人员经常碰到这种情况：友商的品牌、质量、服务等方面都和你家的产品不相上下，但价格却比你的低不少，而你也确实提不出充分的证据说明贵的理由，怎么办？你遇到这种情况只能暂时放弃这个客户，如果与友商硬拼恐怕会两败俱伤。

但是在放弃以前你不妨对客户这样说：“张经理，这个价格我们公司确实做不下来，只能以后再找机会合作了。”客户可能会说：

“他们能做为什么你们不能做？”你说：“照理零部件大家都用的是大厂的产品，上游的价格也很透明，行业内公认我们的质量控制比较严格，产品可靠性和耐久性更高，我们之间价格有差异但没有这么大。这次他们的报价低这么多我也很吃惊，不明白他们是怎么做到的……”好了，你不用多说，点到为止，让他自己琢磨吧。

五、引导型提问

引导型提问是引导客户达成共识。把客户的注意力转移到双方都赞成的话题上，“除了质量，很多客户还重视节能和环保，这是不是您关注的呢”，用一个对方无法拒绝的理由，引导客户达成共识，例如“这样的交易条件对你我都有利，不是吗”“如此关键的部件，质量的可靠性才是考虑的主要因素，不是吗”。引导型提问能让客户向你点头，当他点头超过三次，就已经开始慢慢认可你了。比如你一开始可以说：“您想不想让您的孩子有个健康的生活？”对方肯定点头同意。你接着说：“您是不是希望看到您的孩子学业有长足的提升？”他肯定也会点头。你再接着说：“很多孩子学习兴趣不大，主要因为学习内容太枯燥。您看我们的产品，孩子们都把它当玩具玩，不知不觉中学习进步了。”这时候家长就会容易接受，欣然购买。

六、承诺型提问

在谈判最后，要求对方承诺或签约成交。采购经理对你说：“有三家供应商参加竞争，其实我们也没有时间跟你们谈判价格，今天董事会就要做决定，若你方能接受在C方报价的基础上降低5%，合同就是你的了，请你马上决定。”这时你可以用一个承诺型提问要求成交：“是不是除了价格，其他问题都已经解决了？今天能签约吗？”问这样的问题还有一个好处，确认只有一个价格问题需要解决，再没有其他问题，避免对方再继续在其他条件上压价，或拿着你的价格继续找其他家压价。把球踢给对方，逼对方接招，如果对方接招就可以顺势成交。

客户："只要你同意降低2000元，这辆装载机我就要了，合同随时签。"

销售人员："我是真想同意您这个要求，也不耽误咱们谈了这么长时间。可是，我实在是没有这个权限呀。"

客户："你去问你们老板。"

销售人员："张哥，不是不能去问，是我不敢呀。"

客户："为什么不敢？你怕他什么？"

销售人员："如果您今天决定买，我就去问。否则我问了万一您不买，我就惨了。"

客户："如果他答应便宜2000元，我今天就订。"

销售人员："您自己就能定下来，毕竟是十多万元的车呢？"

客户："当然了，都是我说了算。"

销售人员："此话当真？这样，我做一个合同，价格就写降低2000元，你签了字，我就让老板签，也许就成了，你说呢？"

最后我们也对本节做个总结：谈判中有六个高质量的提问，如图4－3所示。

1.横向提问：让客户说出所有交易条件

2.纵向提问：了解条件背后的原因

3.假设型提问：投石问路，可进可退

4.风险型提问：提醒客户不合作存在的风险

5.引导型提问：引导客户达成共识

6.承诺型提问：要求承诺或签约成交

图4－3　谈判六个黄金提问

横向提问：问出你不知道而你想知道的信息。

纵向提问：可以透过立场了解其真实的利益。

假设型提问：投石问路，避免在谈判中做无意义的主动让步。

风险型提问：提醒客户不合作存在的风险。

引导型提问：主导谈判走向，解决双方的分歧。

承诺型提问：与客户达成共识成交。

第五章
基于流程的谈判技巧

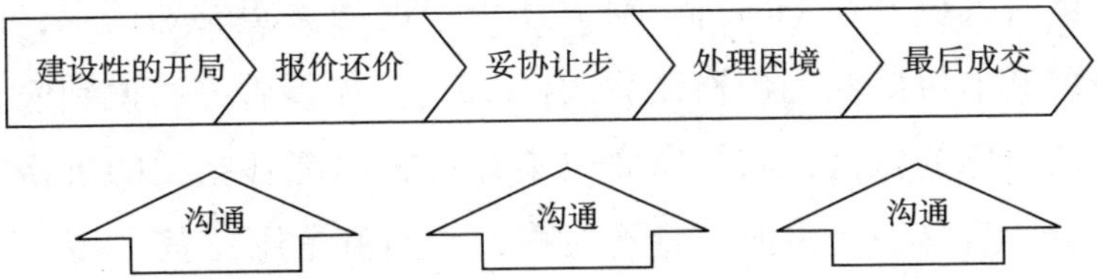

图5－1　基于流程的谈判技巧

第一节　让客户有赢的感觉

我有一位朋友，是汽车美容店的老板。我问他："如果锁定一个精准客户，一年时间能够从他身上赚多少钱？包括洗车、修车、保养，还有购买其他周边产品等。"他说："一个精准客户被锁定以后，一年至少能够从他身上赚到3000元。"这是比较保守的回答，如果是10年、20年呢？大客户谈判比任何谈判都更应该强调双赢，因为大部分都不是一锤子买卖，维持关系的意义远远高于某个看起来你赢得的谈判结果。谈判的最终目的是要"赢得"客户而不是"赢"客户。

即使是一次性的客户，也不要让对方感觉被击败或吃了大亏，从而给接下来的实施和验收带来麻烦。他还会在朋友之间或者网络上散布对你不利的消息，给你的其他业务带来麻烦。因此，最理想的是大家一起；或者从小额订单做起，这次让你赢下次让我赢；至少要让客户感觉赢。所谓谈判技巧，就是让客户有赢的感觉。谈判专家罗杰·道森说："谈判的最高境界是当你和买家离开谈判桌时，你们俩都觉得自己赢了。"

谈判的本质是实力的角逐，而上谈判桌后更多的是心理较量。销售人员开一个高价等对方还价或说回去跟领导请示；而客户声称其他供应商的价格比你的低 20%，你看着办？说到底是客户不知道你的低价，而供应商也不知道客户能够接受的价格上限是多少？这是商业中的信息不对称，谈判就是用“信息博弈”的方式克服信息不对称的手段。

客户怕上当，所以上来拦腰砍你一刀或货比三家；而供应商是头戴三尺帽，不怕砍一刀与客户讨价还价，其目的是一方不断试探对方的底线，同时让对方相信目前的价格已经是底线或上限了，最终会在供应商的低价和客户可以接受的最高价之间，找到一个双方认可的成交价。当客户觉得是在底线附近成交的时候，他就有一种获胜的感觉。让客户从心理上有赢的感觉的另一个途径是：改变客户对价格和其他谈判条件的期望。

一、让客户感觉是在底线成交

假如你去买某品牌的车，得跑三四家 4S 店吧？经过与汽车销售顾问沟通和价格谈判，你大概也了解了车的底价，然后在这个底价上看哪家 4S 店送的大礼包更大。最后，销售顾问哭丧着脸对你说：“大哥，这个价位我就是完成业绩，提成都贴进去了。”你一定很得意，有赢的感觉。在信息不对称的情况下，如何让客户感觉是底线成交从而产生赢的感觉呢？

谈判中，为了获得更大的商业利益，一方力图试探了解对方的价格底线或上限，希望在其底线或上限附近成交。以供应商为例，假定开价 130 元，其在谈判中尽量隐藏产品低价（假定是 100 元），尽可能试探客户愿意接受的最高价格。针对供应商的开价，客户还价 90 元，其在谈判中也尽量隐藏愿意接受的最高价格（假定是 120 元），尽可能试探供应商的底价。经过讨价还价，如果在对方底线附近成交，说明我方的谈判能力更强；如果在中间成交，说明双方的谈判能力势均力敌。

即使在客户的上限附近成交，比如118元附近成交，供应商要做的工作就是让客户相信，这就是卖方的底线，让客户有赢的感觉，让客户感觉占便宜。反之，如果102元成交，客户要做的工作就是让供应商相信，这就是买方愿意支付的最高价格，让供应商有赢的感觉。如何不断试探对方的价格底线或上限，同时让对方相信目前的价格已经是上限或底线了，就是接下来的谈判技巧。

你先开价130元，客户还价90元，这时候你至少知道客户可接受的价格是在90元以上。你对客户的还价表示十分惊讶，说："原材料大幅度涨价，这个价格原材料都不够。"客户说："今年疫情出口大减，外商价格压得太厉害，最多给你100元。"注意：不要轻易接受买主的还价，马上接受会让客户觉得"是不是还没有到价格底线"，你说："如果提前付款可以120元成交。"你来我往互相探底，从对方话语中嗅到对方未表达的意思，慢慢摸清对方的底线。然后你会一步一步还价，还价幅度越来越小，显示已经到了你的底线，或者要请示领导批准，显示这个价格你已经无能为力。这一切都是为了一个目的：试探对方的上限，同时让客户相信目前的价格已经是底线。

客户也可能用这样的方法来试探你的底线，如果我们与你们签订为期两年的合同，你们的价格优惠是多少？采取现金支付和分期付款的形式，你们的产品价格会有什么差别？或者出示以前的合同，证明这确实是其能够付出的最高价了。你去买东西的时候，价格谈不拢，你起身或作势离开，商家会挽留或不挽留，你也在试探商家的底线。

我刚参加工作时，有一次与老板一起去客户处谈判，在一个关键条款上双方没有达成一致意见。回来后老板让我起草合同，在条款上直接写上我方的要求，盖上章让我送去。我开始有点不解，也不好意思问。结果合同送去以后，对方默默地看了合同，又默默地盖章递给我了。我回头向老板请教，他说："虽然谈判中对方口头没有同意，但从其语调、语气和表情上都是默认的，这时候需要强推一把，同时试探对方的条件上限。"我继续问："如果客户不接招、不盖章呢？"老板说："那就说明确实超过了对方可接受的上限，就再继续往下试探。"如图5－2所示。

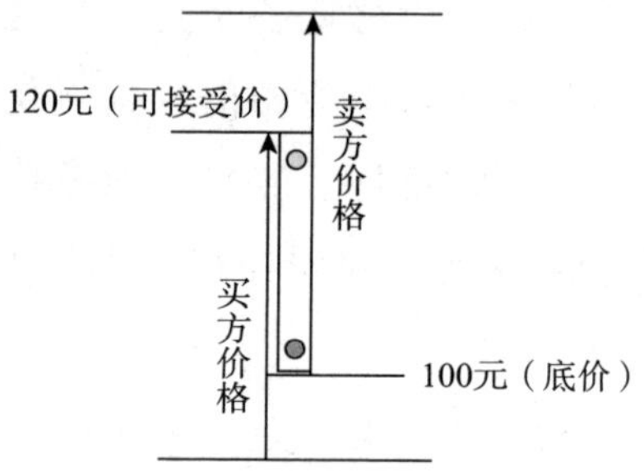

图5－2　试探对方的底线

二、在客户的脑子里下个"锚"

客户不是买便宜而是赚便宜，除了让客户觉得是在底线附近成交，让客户有赢的感觉的另一个途径是：购买前要先改变客户对价格和其他谈判条件的期望。有一个例子可以帮你更好地理解期望值。

有一个在外地念书的女大学生给她的母亲写了一封信，一开头就说对不起，接着讲自己和一个男生同居，后来怀孕被学校开除，再后来发现男朋友出轨，自己很伤心，不小心从楼梯上摔下来，结果宝宝没了。母亲看着信上的内容十分崩溃，结果更让她崩溃的事情是，在信的结尾还看到了这样一句话：妈妈，当你看到这封信的时候，你可能再也见不到女儿了。快要晕倒的母亲看到信的最后一行写着：以上内容都是假的，其实是我考砸了不敢回家。原来这位母亲对女儿的学业很严格，女儿怕母亲责备。这时母亲不仅没有骂女儿，反而说："只要人没事，其他都无所谓，快点回来吧。”这个聪明的女儿其实就在管理他母亲的期望值，相比前面所描述的悲惨状况，连女儿都见不到，考砸了又算得了什么。

供应商一开始开出一个高的价格130元，打破客户原来的期望假定110元，在这个基点让步到110元成交要比直接报110元并成交让客户满意；客户对价格、付款、品质、服务提出了一大堆条件，最后说：“其他条件都可以放弃，但付款期必须是60天。”其实，客户本来的要求也就是付款期，但让你感觉更好一些，因为你的期望被改变了；你先开价130元，客户还价90元，你对客户的还价表示十分惊讶，也是为了改变客户对价格一开始的期望，“我是不是砍价太狠了”。

谈判中这种心理现象也被称之为“锚定效应”，人们在做决策时，思维往往会被得到的第一信息左右，就像沉入海底的锚一样，把你的思维固定在某个地方。当双方按此“锚”作为基点进行谈判时，将会支配人的判断，左右谈判结果。

假如你去商场买服装，看中了某款服装的同时看了价格标签，显示2000元。于是你问老板：“多少钱?”老板回答：“原价2000元，现在打折1000元。”这个小小的价格标签就是那个“锚”，也许这件衣服原来就值1000元，只不过这个价格标签影响了你的支付意愿，觉得赚了。

假如你去商场买服装，同时看中了两款服装A和B，老板说：“价格都是1000元。”你更喜欢A。但你看了两件衣服的价格标签后发现，A的原价是2000元，B的原价是3000元。这时候你纠结了，因为B的折扣更大，其实A和B的真实价格都是1000元，商家用一种心理战术影响了你的购买行为，B标签就是那个“锚”。

有一次，我和两个手下去客户那边谈报价，当时我们的报价是380万元。客户劈头就是一句：“这个价格跟我们相差太大了，我们最多付200万元。”结果第一次谈判就不了了之。开车回办公室的路上，两个手下在后面说："估计这次我们的报价很悬，成交最多也就200多万元。"我一边开车一边对他们说："客户还了个200万元，就是在你们脑子下了个200万元的'锚'，但是你们也不要忘记，我们在客户的脑子里也下了个380万元的'锚'，最后能谈成什么价格很难说。"

无论是期望值理论还是"锚定效应"的应用，都是要让对方感觉这次谈判你赚了，至少没吃亏，为接下来合同顺利实施和再次合作打下基础。我们曾经说过，这种信息不对称下的谈判方式，双方反复讨价还价、提出建议后再反建议，是低效率的，一些商家提出"孰不还价"也是基于效率的考虑，但这种方式也没有成为主流，尤其在大客户谈判中。

前面我们说的都是信息不对称的情况下的谈判，事实上由于产品同质化、高度透明的市场及同行的恶性竞争，例如钢材、水泥等生产物资，网上搜一搜，政府指导价格什么都有。因此，也不需要谈判，或者说商家的谈判实力大大降低了。对消费品而言，这个问题更加严重，淘宝和拼多多让价格比较变得容易，通过客户评价让产品质量、服务的信息也更透明。

我有一个购买经历，车开了6~7年一直没有换胎，趁着一个胎被扎破的机会，准备把四个胎全换了。开着车到附近几家快修店一问，至少也要600元一个。上京东一搜，正好我要买的那个品牌在搞活动，用三个胎的钱买了四个胎还包安装，消费者货比三家的成本大大降低了，也不存在客户信息的不对称和"信息博弈"。无论如何，工业产品的价格比较和质量评估较难做到，如果是非标产品难度更大。

我们也对本节做个简单总结：客户感觉赢有两个方法：让客户觉得是在底线附近成交的，改变客户对价格和其他谈判条件的期望（在客户的脑子里下个"锚"）。

第二节　富有建设性的开局

在完成强化优势、改变力量对比、策划谈判目标、分析双方的实力、制定谈判策略等工作后，就进入了正式的谈判。正式的谈判过程包括建设性的开局、报价还价、妥协让步、摆脱困境与成交五个阶段。本章讨论第一阶段建设性的开局，包括开局破冰、探寻摸底、价值传递三个步骤。如图 5 - 3 所示。

图 5 - 3　建设性的开局三个步骤

一、开局破冰

好的开始就是成功的一半，营造友好的开场气氛、强调共同的愿景目标、回顾以往的愉快合作，虽然只占整个谈判的一小部分，却是能决定谈判是否成功的关键第一步。在谈判开始把握五大核心动机——赏识、归属感、自主权、地位、角色，将它们视为杠杆激发对方的正面情绪，以达成理想的谈判结果。遗憾的是，很多人在谈判的初期就表现出极为严肃的态度，显示出对己方利益的誓死捍卫。事实上，建构一种对立的对话氛围，容易使对话迅速进入争议性的分歧的话题。

1. 营造友好的开场气氛

如果谈判前没有机会沟通，人们很容易对陌生的对方产生敌意。越快与对方熟悉，谈判就越不费力。谈判开始前表达对对方的赏识，承认并尊重对方的身份地位，对方表现出的合作意愿就会更强。有一家历史悠久的从事数据处理的跨国企业，在与一家同样具有百年历史的中国民族品牌某饮料公司洽谈业务合作时，其跨国公司的项目总监对客户说的第一句话是："我们两家同样是在清朝道光年间成立的，今天坐在这里讨论大数据这样的前沿而时髦的话题，我感到无比荣幸。"这句话让坐在对面的国企老总听了以后很受用，接下来的谈判就变得顺利多了。

2. 强调共同的愿景目标

"我梦想有一天，在佐治亚州的红色山冈上，昔日奴隶的儿子能够同昔日奴隶主的儿子同席而坐，亲如手足。我梦想有一天，甚至连密西西比州——一个非正义和压迫的热浪逼人的荒漠之州，也会改造成为自由和公正的青青绿洲。我梦想有一天，我的四个女儿将生活在一个不是以皮肤的颜色，而是以品格的优劣作为评判标准的国家里。我今天怀有一个梦……"黑人领袖，马丁·路德·金的演讲鼓舞了很多人，并共同为之奋斗以消除种族的不平等的巨大鸿沟。强调作为"我们"的愿景目标，而不是用"你"和"我"切割开来。这种愿景性的目标帮助双方架构一个更具建设性的对话场所，将更有利于帮助双方达成沟通的共识。你可以这么说："王先生，今天非常高兴有机会和您会面。我相信我们都有合作的强烈愿望，也相信我们今天的沟通会非常愉快，然后实现双赢合作的目标。"

3. 回顾以往的愉快合作

通过回顾双方在过去的历史中，友好合作交往的事实和事件，为双方的进一步合作找到坚实的基础，形成一种有利于谈判成功的良好气氛，为双方谈判成功创造有利的条件。某法院通过一份四十几个问题的调查表，帮助打算离婚的男女回忆夫妻生活的甜蜜、共同经历的苦难，使得濒临破碎的家庭重修于好。据统计，这种回顾的方法应用于 260 多个离婚案件审理调解，结果帮助 110 多对夫妻再续前缘。

4. 避免有分歧的议题

如果一开场就谈双方有意见分歧的议题，很容易使谈判陷入困境，不仅会让谈判基调骤然下降，还容易传递给对方一个急于求成的信息。谈判一般是先就容易达成共识的话题进行热身，以轻松愉快的语气先谈一些双方容易达成一致的话题，比如“咱们先确定下今天的议题如何”“先商量一下，今天大致安排怎么样”，这些要求往往最容易引起对方肯定的答复，容易创造一种谈判就要达成一致的气氛。随着谈判的进行，很多看起来无法解决的难题也许更容易找到解决的办法。

二、探寻摸底

1. 开始时不露声色

可以让客户先提出提议，“能否谈谈你们是怎么想的”。当客户开始提出谈判要求的时候，不要忙着回应，让客户说出所有的交易条件，例如“除了价格，还有什么问题需要解决？您能说得具体一些吗”。要求对交易条件详细地说明和解释，同时对客户的要求做确认，搞清楚对方的真实意图。如果对客户每一个要求都加以处理或回应，就有可能被客户各个击破，到时候你发现所有的条款都得让步。请看以下对话案例：

销售人员：“蒋总对我们的价格还满意吗？”

蒋总：“价格还可以，但价格不是我们要考虑的唯一因素。”

销售人员：“贵公司主要考虑哪些因素呢？”

蒋总：“如果你们能提供和目前供应商一样的服务，我们可以考虑换你们。”

销售人员：“我们可以月结或按季度结账。”

蒋总："结算方式不是我们要考虑的重要因素。当然，我们很乐意接受这样的结算方式。我们关注的是交货方式。"

销售人员："我们的交货方式是相当灵活的，完全根据贵方的要求交货。"

蒋总："很好，你们可以在接到我们订货通知后的24个小时内，将水泥分别送到我们公司在东湖区和朝阳区的搅拌地点吗？运输费用都包括在现在的报价内。"

销售人员："我想我们可以做到这些。"

蒋总："还有一个问题，你们提出三年中价格要根据原材料有相应的浮动，这就给我们做预算造成了麻烦，我希望价格能在三年中保持不变……"

2. 了解客户所有的谈判要求

在谈判初期，销售人员主要是探询摸底，除了多听也可以主动询问，了解客户所有的谈判要求：谈判目标、目标的优先顺序、同时试探对方的谈判底线。"为了提高谈判的效率，能否将您看重的条件罗列一下？""您最关注和最想解决的问题是什么，能排个序吗？"

如果客户不愿意直接回答，可以第二人称转第三人称，减轻对方的顾虑，"公司最关注和最想解决的问题是什么"。认真倾听并准确把握对方的观点，通过耐心的意见交换，对某些不清楚的地方可以要求对方予以确认，然后进行归纳总结并加以复述，确定自己的理解准确无误。如果客户虚假回答，例如一个很低的还价，至少可以作为与对方谈判的起点。读者也许会问，客户死不开口怎么办？敢不敢问是心态问题，如何问是技巧问题。

如果双方在谈判开始提出强硬但有理有据的要求，然后又在那些不太紧迫的问题上放松立场，其实在相互传递重要信息，哪些条件和要求是他们各自优先考虑的？哪些问题容易取得进程？

哪些问题会遇到阻碍？他们对另一方的需求和条件也就心中有底了。

三、价值传递

1. 建立评价体系

无论前期有没有对客户采取引导、挖掘和梳理的沟通策略，或建立先入为主的影响力，在正式谈判前再一次强调价值、帮助客户梳理价值评价体系：对客户需求重新排序、引导客户重构采购标准、建立差异化优势、提升你的谈判制高点。你可以通过引导提问："除了质量，很多客户还重视节能和环保，这是不是您关注的呢？""设想一下，三年后您会以什么样的标准来衡量本项目的成功呢？""你我都认为：供应商的合同履约和交货时间尤其重要，不是吗？"

2. 呈现价值

无论前期有没有使用正向价值策略，向客户呈现你的价值，再一次强调企业的规模、先进的生产线、产品、服务和专业的销售团队给客户带来了价值，以及如何为客户降低除了货币成本以外的使用成本、时间成本、精力成本。绝大多数客户在进入正式谈判阶段后，只会琢磨价格，将产品优势抛到脑后。因此，你的任务是再一次将客户从价格的隧道中拉出来。"市场数据显示我们二手设备的残值要高于对手的20%左右。""我们的零库存物流方案可以为贵公司降低2%左右的采购成本。"

如果与代理商谈合作，还可以从以下几个方面来呈现价值："品牌知名度高，代理商不需要太多的投入就能实现销售""有完善的市场推广计划帮助代理商打开市场""产品质量稳定、供货及时，让代理商无后顾之忧""与代理商一起协同拜访、网点开拓、项目配合""厂家操作规范，市场秩序良好，价格稳定，保证让大家都有钱赚”。

3. 提示风险

无论前期有没有使用负向价值策略，再一次强调供应商品牌优势、成功案例、公司历史、生产能力，告知客户可以降低的一系列风险。你可以通过风险提问来提醒客户注意：“食品安全得不到保障，这对企业意味着有多大风险？”“供应商供货不及时，对工厂的生产有什么影响？”“原材料的损耗过大，直接导致生产成本居高不下，最终丧失了竞争力，不是吗？”

建设性的开局举例：“王矿长您好！在正式开始谈判前，我想向你简单介绍一下我们公司的情况，您看可以吗？（停顿）我们公司是国内最大的矿山机械制造企业，国内市场占有率第一，我们产品采用康明斯发动机，设备特点是马力大、稳定可靠性高（呈现价值）。工程机械也是咱们矿山的主要生产设备，矿山的工况环境比较恶劣，作业强度大，设备的稳定可靠和出煤效率是最重要的（建立评价体系）。毕竟现在煤价上涨，停工一天损失很大（提示风险），您说是吧？”

最后对本节做个简单的总结：建设性的开局包括：开局破冰，营造友好的开场气氛；探寻摸底，了解客户的谈判要求；价值传递，强调正向和负向价值三个步骤。

第三节　报价与还价技巧

前面讨论了建设性的开局，接下来就进入了谈判的报价还价阶段。这个阶段的内容包括四个谈判技巧：“开价一定要高于实价”“如果有可能，让对方先报价”“永远不要接受对方的第一次还价”“对报价和还价表示惊讶”。

一、开价一定要高于实价

这是谈判中第一个也是最重要的谈判技巧。这个“高价”不仅仅是指价格，还包括其他谈判条件。一件衣服底价 20 元，标价 60 元，摊主说：“只要有人愿意在 60 元的基础上与我谈讨价还价，我就已经成功了。”基辛格说过：“谈判桌上的结果取决于你的要求夸大了多少。”有许多销售人员害怕报高价，他们担心在首轮谈判中就被淘汰出局而永远失去机会。如果你对报高价心存恐惧，那看看以下理由：

• 高价可以留有一定的谈判空间，创造一种对方取胜的气氛。想想“锚定效应”，人们在做决策时，思维往往会被得到的第一信息左右，双方按此“锚”作为基点进行谈判时将会支配人的判断，左右谈判结果。

• 你可能侥幸得到这个价格，在资讯发达的社会的可能性越来越小，但试试又何妨，一个正向思维的人总是假定客户这次一定会成交且会高价成交。

• 提高你的产品或服务的价值，提升谈判的正向价值。尤其是对不专业的客户，大部分人还是以价格作为参照系来衡量产品的价值。

1. 开价的基本原则

（1）对客户的了解程度

除非你很了解谈判对手，高开价一定是最安全的选择，你对对方了解得越少，你的开价应该越高。有两个原因：第一，你的判断也许有误，你对对方及他的需要了解得不多，他也许愿意出更高的价格；第二，如果你们刚刚建立联系，未来做出更大的让步，可以表明你有更大的合作诚意。你可以降价，但不能涨价。

（2）有足够实力支撑

开价要高，但绝不是漫天要价，必须合情合理，要能够讲得通。给出的理由包括有什么好处的正向价值、会有什么麻烦的负向价值、一视同仁报价的规范价值，否则对方必然认为你毫无诚意。如果你实在害怕高价会吓跑客户，不妨留有余地，使用“几乎没有、特殊情况例外、除非”等，例如“这个价格我们几乎没有做过”“除非我们是你们的单一采购来源”。

除了对客户了解程度，以及价格是否有足够实力支撑外（影响谈判实力的八个因素：交易的重要性、需求满足状况、竞争状况、交易信息的了解、品牌和实力状况、对谈判时间限制、谈判者的专业度、客户关系），还要考虑这个客户未来是否有合作的机会、是放长线钓大鱼还是连骨头渣都不给对方留下、有没有二次报价的机会。

开价要高于实价是原则，同质化的产品、供大于求的产品也应该开高价，只是高多少的问题。高到你能对客户做出合理解释为止，高到客户不喜欢但会与你继续谈判为止。但具体报什么价，到底高多少合适，要具体情况具体分析。

2. 开价后客户的四种反应与应对

当你首次报价以后，客户一般有以下四种反应：

（1）离场、拒绝再谈

客户说："你抢钱啊，没诚意！"你说："陆总，那您觉得什么价格比较合适呢？"把球踢给对方，当对方给你的还价和你的价格底线差距不大，就可以继续谈，其实对方的还价也不是他的上限，有一定的谈判空间。利用我们接下来要讨论的"交换"和"虚设领导"等谈判技巧，最终有可能在你的价格底线以上成交。

如果对方的还价太低，远远低于你的价格底线，不妨礼貌地放弃，也许这个客户本来就不是你的目标客户。这样的客户往往是陌生客户或者不是诚心的客户，导致开价和还价双方的价格差距过大。但谈判就是双方磨合的过程，能合作最好，低于价格底线太多也应大胆放弃。

（2）太贵了

这是最常见的情况，也是客户的正常反应，通常销售人员的应对是讲产品的质量和服务，但有个前提是客户对你的价值不认可、不了解。客户说太贵也许还有其他原因，要了解客户说太贵的原因，"我能问个问题吗？为什么说我们的价格更高呢？是……原因，还是其他原因呢"。

如果客户的预算不够，可以减少功能配置，降低型号级别，提供新的财务方案，修改预算。如果客户说其他供应商报价更低怎么办？你需要了解真的有这个价格吗？你们是同一档次的产品吗？可以向客户呈现你的品牌价值和定位。如果产品本身同质化、标准化，可以向客户介绍使用成本和购买成本概念，从使用的节能、产品的可靠性等方面分析。如果客户觉得你的产品价格与价值不符，你要突出能给客户带来什么好处，利润增加多少，成本下降多少，并且利益需要量化。

客户还有一些说不出口的理由："跟你没有感情""对你不信任"，通常是以价格太贵作为托词；或者客户已经决定采用其他供应商的产品，价格只是拒绝你的借口。以上都是销售前期应该解决的问题，如果只是客户的谈判策略，那就用我们接下来的谈判技巧。如图 5 -4 所示。

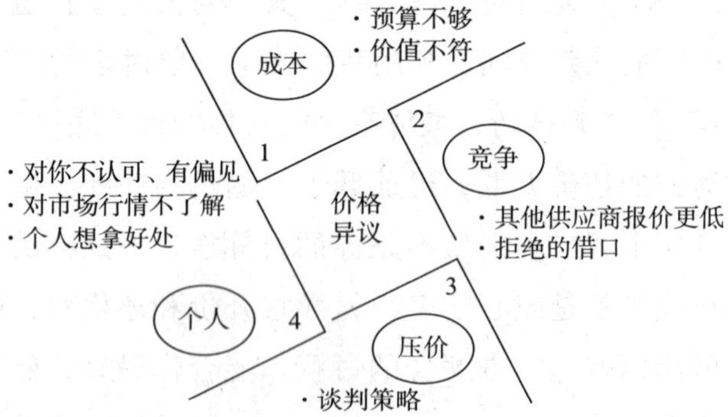

图 5 -4　价格异议的原因

（3）没有反应

当客户没有任何反应时，销售人员通常会心虚，“是不是价格太高了”，哪怕你真的这么想，也不要说出来。客户不说话可能是你的价格合适，他心里其实已经接受了，只是现在不便表态，因为还要跟领导汇报。也许他心里没底，还想再询价。这时候你如果说：“是不是价格太贵？”他肯定说：“是啊，确实贵！”

还有一种情况是客户完全不接受你的报价，报价和其心理价位相差太大，但不好意思说出来。问题是你也不知道客户属于哪种情况。所以，你要探他的底：“您究竟还要考虑什么”“假如签约……如何合作”等了解他的真实意图后再进一步沟通也不迟。如果是前者皆大欢喜，如果完全不接受报价，再采用第一种反应的对策。

（4）立刻接受

如果你报价了，对方立刻接受，一般这种情况不常见，除非是老客户，彼此了解（你知道对方不会还价，对方认为你诚实，大家不再浪费时间讨价还价），还有就是市场价格非常透明。除此之外，真的碰到这种情况，你一定在想：是不是我报的价格太低了？如果是一次性买卖，与对方没有再次合作的机会，你可以补充说明："陆总，这个价格要现款现货，或者需要签订三年合同，是有量的要求的。"如果是发展长期客户关系，那就另当别论了。

二、如果有可能，让对方先报价

据说，爱迪生做电气技师时，他的某项发明获得了发明专利。公司老板派人把爱迪生叫到办公室，表示愿意购买爱迪生的发明专利。并问爱迪生："希望要多少钱?"爱迪生回答："我的发明对于公司有多大价值，我是不知道的，请你说一说吧。""40万元，怎么样?"老板报价。事后，爱迪生说："我原来只想把专利卖到5000美元，因为以后在实验上还要用很多钱，所以再便宜我也肯卖。"

说完大人物，再说一个我自己的故事。我最初从国企跳槽面试一家德国企业，那时候完全没有职场经验，对面试技巧一窍不通。不过面试我的人对我的技术背景很认可，很符合德国公司重视技术的文化。几次沟通后就谈薪酬，我在国企上班对外企的薪酬体系完全没有概念，我的心理价位是一个月至少4000元，低于这个数字就要考虑一下了，因为那时打破铁饭碗也是需要很大的勇气的。但对方几次问我期望薪酬，我都憋住没说。看我不愿意说最后给我开了月薪8000元，我心中大喜。现在回想，这只是对方的开价，我可以还价，1万元是有希望的。

如果你不专业或不懂行情，谈判中让对方开口先报价是一个安全的选择，除了避免不必要的利益损失，可能有意外惊喜。对于新客户，让对方先报价，可以了解对方的底细，对方是不是懂行。

只有让买家先报价，你才能进行“分割”，即使折中，你也能得到想要的东西。你的底线是100元，对方报价120元（不要说一定不可能），不过你会假装为难一下，说这个价格没法做，最终勉强同意或者提出一些交换条件。也有可能客户报出95元的价格，说明客户比较专业，你会还价到105元，最终100元成交；如果你还价到110元，你说双方各让一步，最后以105元成交，你掌握着主动权。换句话说，各让一步看起来公平，其实不公平。如果对方开价80元，要么不懂行，要么没诚意。

三、永远不要接受对方的第一次还价

理由一：请重温本书的销售技巧第一条。

理由二：轻易接受买主的还价导致他产生疑惑，是不是还没有到价格底线，反而不容易与客户成交。

客户也不会接受你的第一次报价。“你们的报价还是有差距”“有一定差距”“有很大差距”“有相当大的差距”“你要不要出去再申请一下”，这些话你是不是很熟悉，它经常从客户的嘴里说出来。

我有一个民企客户的咨询项目，向对方董事长报价。当时我们最终报的价格是118万元，但核算下来这个项目100万元左右就能做。对方董事长说：“这个项目也谈了那么久了，128万元咱们100万元把它做下来行不行?”当时我也没经验，对方又是一个董事长，谈完基本上能一锤定音。我说：“既然你这么说了，100万元就100万元吧！”结果我一说这个话，对方有点吃惊，有上当的感觉。但他是领导不好反悔，便继续说：“既然都同意，我们就这么办。不过还有一个要求，签完合同我们先付30%，剩下的70%等实施完毕以后，看实施的效果再付。”这样的条件对咨询公司来说是完全不能接受的，对方其实也知道你不会接受，要的就是这个效果。这就是我答应对方条件太快，轻易接受对方第一次还价导致的后果。

四、对报价和还价表示惊讶

不接受第一次还价的最好技巧是表示惊讶。在客户面前一脸惊讶或一脸嫌弃，再配以夸张的语言回应："你疯了吗?""不可能，哪都没这个价，要这么卖连本都赔了。"即使你与对方不是面对面谈判，也要用夸张的语调回应，使其产生深深的怀疑："我的还价是不是太过分了?"买主也许没指望得到他们所要求的价格，如果你不表示惊讶，就是说价格是有可能的。

有一次我去家附近的汽车美容店洗车，洗完车顺便问了老板打蜡保养要花多少钱?他说500元。我"啊"地发出惊叹之声，扭头就走。这时身后传来老板的声音"给你八折"。我转过身，睁大眼睛、张大嘴、再连连摇头，装作很惊讶的样子。你猜我最后花了多少钱?300元还送5次洗车。

最后也对本节做个总结：谈判的报价还价阶段，有四个谈判技巧："开价一定要高于实价""如果有可能，让对方先报价""永远不要接受对方的第一次还价""对报价和还价表示惊讶"。

第四节　妥协与让步技巧

我们讨论了报价还价阶段的技巧，这里继续讨论妥协让步阶段的谈判技巧。这个阶段的内容包括除非交换决不让步、让步策略、声东击西、虚设领导、黑白脸、小恩小惠。

一、除非交换决不让步

一些心虚的销售人员常犯这样的错误：为向客户表示友好，还没等对方开口，就迫不及待地把价格降下来，这是向对方发出急于成交的信号。没有交换的让步等于白白让步，无条件的让步相当于坐上了滑梯让你一下子滑到价格的底线。老王打算卖房，最初报价是200万元，而买家只愿意给160万元。老王说双方各让一步180万元，但买家坚持以160万元的价格成交。现在的情况变成了是180万元对160万元，这完全是老王不理智的让步造成的。

当对方要求让步的时候，你应该索要回报，即使对方要求小的让步，你也应该索要一些交换条件。例如客户说价格再低一点，你的交换条件就是付款是否可以快一点。你可能得到回报；即使没有回报也让对方觉得让步来之不易，可以阻止其无休止的要求，或者让对方欠你一个人情。有时候，为了给对方一个让步，我方故意提一个对方容易满足的条件，例如同意你的价格，希望组织其他客户来参观的时候请对方接待一下，目的就是提升让步的价值，让对方觉得让步来之不易。

你销售原材料，和一家工厂签了合同，他们原来要求下个月发货。今天对方采购经理打电话跟你说："我们生产计划的日期要提前，你们能不能下周三之前提前发货?"你可能想："太好了，货已经在仓库里备好了，我宁愿提前装货，尽早得到付款。如果你们愿意，我们明天都可以发货。"但你却说："可以，但我得给你协调几个部门的关系，麻烦一点。你们先付一半的货款，我去跟总经理说一声，他下个命令一切都好办。"对方可能付你一半款，不付也无所谓，至少也让对方欠你一个人情。

太容易得到的东西会被轻视，如果实在要主动让步，用假设型问题，在让步前加"如果"，"如果贵公司能同意采取现金付款的方式，还可以有1%的折扣""如果今天签合同打预付款，我们可以同意这个价格"。先提出一个假设型问题试探对方，投石问路，可进可退，如果对方接招可以继续讨论，如果对方不接招，也可保留谈判初期提出的条件，避免无意义的主动让步。

二、让步策略

即使有交换的让步，也要遵循"让步策略"：

- 不做均等的让步。
- 不要做最后一个大的让步。
- 不要因为买主要求你给出最后的实价，你就一下子让到谈判底线。客户会这样想：太容易得到，是不是还没有到价格底线啊?
- 正确的让步方法：逐渐缩小让步幅度，暗示你已经竭尽全力，接近底线了。尽量在不太重要的，但可能对另一方很重要的条件上让步。说明让步困难，不在公司允许范围之内或者以自己的权力有限等作为理由。也可以向对方示弱博同情，可以坦率地亮出价格底线，表示实在让无可让。

你卖工业设备，以150万元的价格开始谈判，但是可以降到

140 万元成交，以下是 5 种让步策略，如表 5 – 1 所示。

第一种：是一种心理暗示，卖方让步可能无休止，让对方找不到底价。第二种：逐渐缩小让步幅度，暗示你已经竭尽全力，接近底线了。让步还有一种策略是降价不打折。在一些标的比较大的谈判中，即使 1% 的折扣也是一笔很大的数字，不如用绝对数字 1000 元、500 元代替。第三种或第四种：大大提升了客户的期望值，而且让最后出场谈判的领导没有面子，导致僵局。第五种：鼓舞对方继续谈，说明远远没有到达底线，更多的好处在后面，而且第一个跟你谈的采购对你很愤怒，老板出场价格谈下一大截，采购在他老板眼里太无能了。

表 5 – 1　种让步策略

第一种	2.5 万元	2.5 万元	2.5 万元	2.5 万元
第二种	5 万元	3 万元	1.5 万元	5000 元
第三种	6 万元	4 万元	0 元	0 元
第四种	10 万元	0 元	0 元	0 元
第五种	1 万元	2 万元	3 万元	4 万元

三、声东击西

在谈判之前，先列出要求，如价格、付款条件、订单最低量、到货时间、包装等，仿佛你非常在意这些要求。其实，你真正要坚持的条件是价格、付款条件，仅对无关紧要的条件——到货时间、包装等做出让步。以少换多，以虚换实，使对方增加满足感。

你向一家推土机生产厂家推销定制的齿轮，客户提出只要你能在 90 天内交货，他们就给你一个大的订单。你们双方都知道定制一个齿轮经过设计、工艺和制造通常需要 120 天，90 天的期限实际上是不可能的。你给买主的最终报价是：齿轮 23 万元，设计工艺费 22000 元，120 天后装船。客户坚持必须在 90 天内交货，谈判似乎没有进展，你快疯了。最后，客户说："也许有办法，可以自提货把齿轮空运，但这样你们得减免设计费用 22000 元，同时空运的费用 6000 元也需要你们承担。"最后，你发现客户自提以后还是选择海运。

声东击西还有另一种用法：客户跟 A 供应商谈价格，A 供应商原来觉得没希望，喜出望外，给了个低价；然后客户拿着 A 供应商的价格跟 B 供应商谈，B 供应商为了竞争只能报一个更低的价格；C 供应商原来觉得自己是最有希望的，现在有点慌乱，当客户拿着 B 供应商的价格跟其谈时，C 供应商只能接受。其实客户一开始就决定选择 C 供应商，只是用了声东击西的技巧。

上海甲公司引进外墙防水涂料生产技术，一个日本公司与一个中国台湾公司的报价分别为 22 万美元和 18 万美元。经调查了解，两家公司的技术与服务条件大致相当，甲有意与中国台湾公司成交。在终局谈判中，甲公司安排总经理与总工程师同日本公司谈判，而全权委托技术科长与中国台湾公司谈判。中国台湾公司得知此消息后，主动大幅度降价至 10 万美元与甲签约。

四、虚设领导

销售人员对老板说："如果你给我更大的价格权限，我绝对可以做笔好的生意。"客户面带微笑对你说："我猜你就是有权最终决定这个价格的人，不是吗?"你还洋洋得意、沾沾自喜，把自己当作决策者的销售人员等于把自己置于不利地位。

即使客户提的条件在你的授权范围内，也要说"我要跟领导申请一下"。聪明的谈判者不让步又给自己留有余地，将客户苛刻的要求推给虚设领导，同时又让客户感觉接近价格底线，增加其满足感。即使是公司的领导或者老板，也可以说“我要跟董事会商量一下”“我要跟我的销售团队商量一下”。你的领导应该是一个模糊的实体，例如委员会、董事会，而不是具体的个人。

当客户用虚设领导对付你时，你可以抬举买主：“这件小事您当然能做主啦！”一次向客户催款，对方领导说：“好了，让我去找财务商量一下，看看有没有钱？”我说：“张经理，您太谦虚了，大家都知道您是贵公司举足轻重的人物，这就是您一句话的事。”张经理面露得意之色，说道：“当然了，我也是可以做主的。好吧，我同意付款。”我先给对方贴标签，让对方承认有权力，碍于面子就不得不付款。

五、黑白脸

运用黑白脸的策略可以有效地向对方施压，又不会导致谈判的破裂。谈判中黑脸提出一些苛刻的条件，态度也表现得极为强硬，白脸也许是谈判开始跟你套近乎，看起来很和善的人，不发表意见，等到谈判白热化的时候，白脸就会站起来缓和局面，以和事佬的角色规劝对方做出让步。处于主动地位的客户，往往会采用黑白脸的谈判手段对付供应商。销售人员要冷静，把客户任何感情的流露看作是谈判策略，或者微笑地揭穿对方的伎俩，表示希望采取更公平、有效的沟通方式。同两个或更多的人谈判的时候，你要当心。但最厉害的谈判者一人饰两角，自己唱白脸，背后虚拟一个黑脸，“我可能要离职，将会有强硬的人参与谈判”“我们经理来谈的话，这个条件他绝对不接受”。

美国大富翁霍华·休斯为了大量采购飞机，亲自与某飞机制造厂的代表谈判。霍华·休斯性情古怪，脾气暴躁，他提出了34项要求。谈判双方各不相让，充满火药味。后来，霍华·休斯派他的私人代表出面谈判，没有想到，私人代表满载而归，竟然得到了 34 项要求中的 30 项，其中包括 11 项非得到不可的。霍华·休斯很满意，问私人代表是如何取得这么大的收获的。私人代表说："很简单，每当谈不拢时，我都问对方到底希望与我解决这个问题，还是留给霍华·休斯跟你解决？"结果，对方无不接受我的要求。

六、小恩小惠

如果实在没法让步，在谈判最后时刻用小让步来安慰买主，减轻他输给你的感受。时机比让步多少更重要，一开始做小让步没什么效果，最后阶段的让步可以很小却十分奏效。卖鞋不打折送袜子，送客户几个配件、几桶油再抹掉个零头，总之要让客户有赢的感觉。即使没有小恩小惠也要送对方好心情，让对方有赢的感觉，在谈判结束你要"哭"着离开，"你太厉害了，我服了，我是第一次为一个客户做出这么大的让步，你的谈判能力实在强啊""我都不知道回去怎么交代，这次我可遇到麻烦了，回去老板要骂死我了"。

同样对本节做个总结：妥协让步阶段有六个技巧：除非交换决不让步、让步策略、声东击西、虚设领导、黑白脸、小恩小惠。最后我们用一个案例，把前面所有的谈判技巧做个总结。

销售人员："金总，你好，恭喜您中标 ×× 大厦项目，希望我们能在项目中合作。"

金总："实话告诉你吧，这次我们是最低价中标，而且甲方也给我们选择玻璃厂商的权力。所以，我们这次采购就是谁价格低采购谁的，你们要是报价高了，肯定合作不成。"

销售人员："金总，我肯定给您报一个优惠的价格。我算了一下，我们这种规格的产品最低价格是 240 元/平方米。"（开价

高于实价）

金总：“你开什么玩笑？台玻才报210元/平方米。要是这个价格我们不用谈了（金总眼睛瞪得很大，对报价表示惊讶）。”

销售人员：“金总，您别急，您准备怎么付款？”

金总：“货到现场付款。”

销售人员：“我们公司有规定，必须款到发货，而且签订合同后必须有预付款。您要是30%首付，全款提货的话我可以给您优惠。”（除非交换决不让步）

金总：“这样付款什么价格？”

销售人员：“这样付款我可以给您再降10元/平方米。”

金总：“230元/平方米？不行，要是你们也是210元/平方米就和你们合作。”（不接受对方第一次报价或还价）

销售人员：“咱们是第一次合作，我也是想和贵公司建立一个长期关系，我们和台玻品牌确实不在一个档次，230元/平方米是我最大的权限。金总，你要是今天能签订合同，我可以和老总请示一下，专门针对这个项目申请一个特价。”（虚设领导）

金总：“你们价格合适，我们今天就定。”

销售人员：“那我给老总打个电话。”

（5分钟以后）

销售人员：“我们老总说了，您这个项目公司很重视，所以可以降5元/平方米，225元最低。”

金总：“降5元也叫降？”

销售人员：“这已经是特例了，金总，我们公司很少能申请下来特价的。”

金总：“你们这么贵，没办法谈。”

销售人员：“金总，您在合同里已经把玻璃价格根据品牌包死了，用我们的玻璃要比台玻多20元，但您和我们合作有15元/

平方米的利润，而您和台玻合作只有 10 元/平方米的利润，哪个合算呢？”

金总：“台玻付款条件比你们好，他们可以垫款。我们这个项目也是垫款的，谁付款条件好就可以优先合作。”（声东击西）

销售人员：“金总，那您也考虑一下吧，我们真的不能再降了。”

金总：“不能降我们就用台玻，没啥好说的。”

（回去之后，销售人员得到一个消息：金总的公司在本市另一个项目也中标了，这个项目的业主指定用他们家的产品。于是，销售人员知道自己有了谈判的本钱，于是他又找到金总。）

销售人员：“金总，听说您 ×× 宾馆项目中也中标了，恭喜啊！”

金总：“是啊，要是两个项目都用你们的玻璃，能不能再优惠一些？”

销售人员：“金总，××宾馆项目已经指定我们的玻璃了，看来我们是必须要合作了。希望您从长期合作的角度考虑，给我们适当的利润，您总不能让我们赔钱吧？”

金总：“你们的价格已经很高了，怎么会赔钱？我也是诚心和你们合作。其实，我们董事长跟台玻老总是高尔夫的球友，前两天为这个项目还找过我们老板。你给我低价，两个合同一起签，我也好帮你们跟董事长说话。”（黑白脸）

销售人员：“行啊，金总，既然你这么说了，我也爽快点，两个项目合在一起算，我再给您让 2 元/平方米（让步策略），这是咱们这个区域的超低价了，条件是今天必须签合同，付款方式不能变。而且这个价格您要给我们保证：不能向第三方透漏，（脸上痛苦状）我的奖金就泡汤了。”（小恩小惠）

几天后，金总终于与销售人员签订了采购合同。

第五节　摆脱谈判困境的三种对策

谈判双方都不希望出现对立，更不希望陷入困境。但谈判充满了变数，并不是每次都能够顺利进行，有意见分歧是正常的，也是不可避免的。如果不能正确地处理分歧，化解困境，就很容易影响谈判目标的达成。造成谈判困境的原因有很多，可能是价格、付款、质量、服务的分歧，也有可能是谈判双方陷入情绪争执，在充满敌意的交流甚至是攻击中，忘记了双方来此谈判的真正目的，最终导致谈判破裂，这是双方都不愿看到的。

谈判困境有三种：对立、僵持、僵局。面对分歧，如何化解矛盾，摆脱谈判的困境呢？需要采取哪些策略避免对立、僵持与僵局，从而为谈判成功铺平道路，达成双赢的谈判目标。如图 5－5 所示。

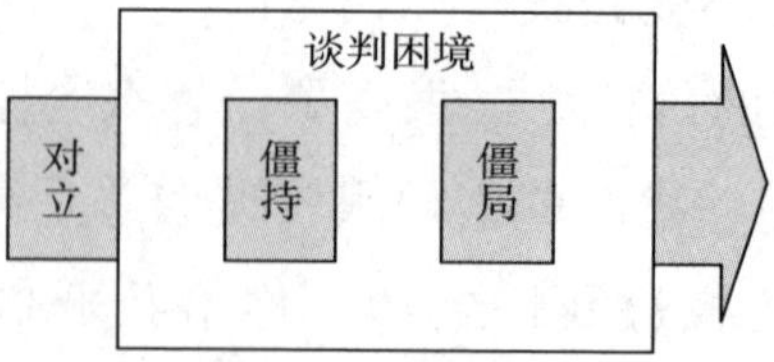

图 5－5　谈判的三种困境

一、对　立

所谓对立，一般在谈判初期，对方不同意一个主要条件，因此，影响谈判的正常进行。客户说："我们可以和你谈生意，但是我们绝不会接受这样的条款。如果你们坚持，没门儿。你们得像其他供应商一样允许我们在 90 日内付款。如果你们能接受就谈，如果不能就没什么好谈的了。”

对策：用搁置一边策略解决对立，先解决小问题，为解决大问题创造条件。你可以这么说：“我们先把它放一边，先谈谈其他问题，好吗?”

谈判过程中，由于某个议题引起争执，一时又无法解决。这时谈判各方为了寻求和解，可以更换一下议题，将对立的议题暂时搁置，等其他议题解决后，在友好的气氛中讨论、解决对立的问题。例如双方在价格条款上互不相让，可以把这一问题暂时抛在一边，先讨论交货日期、付款方式、运输、保险等条款。如果在这些问题的处理上双方都比较满意，就可以坚定双方解决其他问题的信心。谁知道呢？随着沟通的进行，慢慢缩短双方的差距，很多难题也许会找到解决的办法。如果谈判总共十个问题有分歧，有八个达成了一致，只剩两个问题存有分歧，谈判就是非常容易了。这时候你可以说：“如果我们在这个问题上让步，您能在另一个问题上让步吗?”

通常以一揽子的谈判方式交换利益。一方拿出整套方案，对应的谈判要求；另一方也拿出整套方案作为回应。一方在一两个问题做出牺牲，但在重要的优先问题上仍不松口；另一方也做出相应的让步。几个回合下来，大家都明白哪些问题被对方关注。一方可以说：“如果你在 A 和 B 上满足我们的要求，我们也许考虑在 X + Y 完善上对你做出让步。”

二、僵 持

所谓僵持，是谈判中期进入实质性谈判议题阶段，双方分歧严重，谈判毫无进展，也找不到好的解决办法，大家一筹莫展。例如其他大部分条件都达成共识了，但在价格上双方相持不下。

对策：换场所、换时间、换谈判气氛、换谈判成员。你可以这样提议："我越来越担心事态的走向，相信你也有同样的感受。要不我们换个时间（换个地点）再谈，想想如何才能更好地合作，您觉得如何呢？"

"换场所和换时间"经常是谈判陷入困境或无法继续下去时使用的策略。

谈判中，双方因观点产生差异，各持己见，也暂时找不到令双方满意的解决方案，往往会出现谈判无法继续的情况。因此，比较好的做法就是休会，双方都需要时间客观地分析形势、统一认识、商量对策。

谈判会场是正式的工作场所，容易形成严肃而又紧张的气氛。这种环境更容易使人压抑、沉闷，使双方对谈判继续下去都没有兴致。休会可以调节情绪、缓和谈判气氛、融洽双方关系，同时有利于设想出建设性的解决方案。请注意：如果谈判双方不是势均力敌，如果是我方有优势，对对方休会建议可以故意不理会，直到对方让步，同意我方的要求。

如果双方谈判人员互相产生情绪的对立，那么会谈就很难继续进行下去，即使是改变谈判场所（改变时间），也难以从根本上解决问题。形成这种局面的主要原因是：由于谈判者在谈判中不能很好地区别对待人与问题。他们在谈判中坚持己见不愿让步，不是因为对方的谈判建议本身不能接受，而是对对方的某个人看不顺眼，甚至还会放出话来不愿意跟某某人谈。此时，应考虑更换谈判人。在团队谈判时，为了整体利益某位成员会扮演一个不受欢迎的黑脸角色，必要时请这位谈判者离席，请放心，他不会因此感到没有面子。

三、僵 局

在谈判后期，大部分条款都已商定并达成协议，却因一两个关键问题，有可能超出了双方谈判人员的授权范围或底线，未达成一致，双方已经绝望，谈判即将以失败告终。

对策：扭转僵局的方法是请出一个“中立”的第三者，谈判所在地地位较高的负责人出面，表示对问题的关心和重视。当高层领导出席时，他可以在谈判团队不能许诺的事情上拍板决定做出让步，并态度强硬地要求对方也做出让步。这时对方往往容易妥协，因为他们很清楚，再不让步此次谈判即将以失败告终。当靠现有谈判团队无法继续谈判，除了在关键议题上无法达成一致外，双方可能碍于面子都不让步，由貌似中立的上级领导介入谈判，请出“中立人”让双方都有面子有台阶下，也是一种谈判策略。

笔者曾参与过一个合同谈判，刚开始一切比较顺利，最后争论的焦点在价格上，对方要求再降 2%，而我方坚持的底线不能降，双方出现了僵局。休会期间，我方给对方的老总打了一个电话，说：“所有的问题都达成共识了，唯一的问题是价格，他的下属非常优秀，为了此次谈判的成功做了很多努力，也达成了很多共识，但就是价格上 2% 的差距。虽然谈判陷入僵局，但我们还是希望能够合作成交，希望老总有时间直接来谈。”第二天晚上，他们的老总只通过电话就与我方把价格谈妥了。

摆脱谈判的困境，除了理性的策略，还可以有感性的策略。

哈佛谈判的原则是要把人和事分开。但谈判中对事不对人往往很难做到，因为我们都是被情绪所困的人，很容易陷入是非对错的陷阱而忘记了利弊。随之而来的争辩很容易毁了谈判的交流氛围，把谈判当作一场辩论和针对立场的意志较量，也很难让双方理智地理解各自的利益点，从而探索出通向谈判成功的解决方案。

在调解中心，经常可以看到当事人双方甚至是亲兄弟、亲姐妹，为了财产分配争得面红耳赤，甚至打起来。有经验的调解员也不着急，等双方筋疲力尽争吵声渐渐平息下来后，问他们："你们来调解中心是干什么的?"双方都答道："当然是来解决问题的。""既然知道是解决问题的，那我们来研究一下具体的解决方法吧。"一席话点醒了双方，使得他们渐渐回归理性，最后通过调解化解了矛盾。

谈判中强烈的负面情绪：愤怒的咆哮、大声斥责、拍案而起，这些对谈判的影响是致命的。谈判者通常是要把事情先放一放，先解决心情再解决事情，哪怕改变一下措辞，调整一下语气，许多情况下，一声道歉就可以有效地化解敌对情绪。销售人员要以赏识、归属感、自主权、地位、角色五个情感动机为杠杆，激发客户的正面情绪，缓解强烈的负面情绪，从而让谈判的过程走在正确的轨道上，最后获得理想的谈判结果。

如何控制双方的负面情绪?

1. 学会察觉

把负面情绪的强度从 0 ~ 10 分成 10 个层级，洞察自己的负面情绪到了哪一个层级：是可控、失控临界点还是完全失控；通过观察对方的面部表情和肢体语言：音量突然升高、面部表情僵硬、拍桌子，察觉对方的负面情绪强度，从对方的角度考虑对方哪些情感动机没有被满足受到了伤害。自我觉察可以预防自己的情绪在谈判中失控，觉察他人可以冷静应对对方的情绪，也可以防止因对方失态而随之失控。

2. 情绪“导火索”

当你感觉要被强烈情绪控制，马上要失态的情况下，要学会延迟你的情绪“导火索”，推迟10秒再做反应。深呼吸，10秒就可以让我们避免被情绪绑架而做出无法挽回的决定。停顿为什么会产生这样的效果呢？这是因为控制感性大脑比控制理性大脑大概要快10秒钟。当一个情绪扑面而来时，你马上就要发飙，理性会晚10秒钟左右到达。你给理性多一点时间，就会让理性赶上来更好地管控感性，从而使你可以重新回到理性而有效的谈判沟通中。

3. 离开谈判桌的借口

如果对方有强烈的负面情绪，怎么办？首先不要随之起舞，你需要保持镇定和从容应对，冷静地表示理解。或者你要准备一个离开谈判桌的借口，实在想不出借口说去卫生间或烟瘾上来了，离场之后几分钟再回来，双方都会回到更友善和理性的沟通状态。

但要防止被对方有意的情绪爆发欺骗，不知所措而动摇自己的信心和立场，做出某些不应该的让步。针对对方利用情绪爆发策略，保持镇定是基本的行为准则，避免与之争执，或轻移话题，或表示理解的同时又耐心地向对方解释。也可暂时中止谈判，给双方冷静平息的时间，再重新谈判。

有家北方公司到香港地区引进成套设备。北方公司成员因为上街购物耽误了时间，当他们到达谈判地点时，比预定时间晚了45分钟。香港公司代表对此极为不满，花了很长时间来指责北方公司不遵守时间，没有信用，如果这样下去，以后很多工作很难合作。对此，北方公司感到理亏，只好不停地向对方代表道歉。谈判开始以后，香港公司似乎还对北方公司来迟一事耿耿于怀，一时间弄得北方公司谈判成员手足无措，处处被动，无心与对方代表讨价还价，对香港公司提出的许多要求也没有静下心来认真考虑，匆匆忙忙就签订了合同。

简单总结下，本节讨论了谈判困境——对立、僵持、僵局和相应的对策——搁置（一揽子的谈判方式交换利益）、换场所（换时间、换人）、引进“中立”的第三者。摆脱谈判的困境，除了理性的策略，还可以有感性的影响。控制双方的负面情绪的方法：学会察觉、延迟情绪“导火索”、暂时离开。

第六节　推动签约的六个技巧一个忠告

如果谈判到最后，双方圆满地解决了谈判的僵持和僵局，并已经就交易条款达成共识，你要趁热打铁要求与客户签订合同。这时候双方对达成的条件最清晰，不容易产生理解和记忆的偏差；你也永远不知道离开办公室会发生什么情况：客户可能反悔；领导可能有新的想法；竞争对手眼看成功无望可能突然降价。总之，夜长梦多，你要立刻与客户签订合同并收取首付款或定金。

工程机械行业的竞争异常激烈，通常购买设备的包工头邀请几个厂家的业务人员，到家里进行车轮大战式的谈判。我有一个学员有一次价格、付款条件都跟对方谈妥了，要付钱的时候发现忘带 POSE 机了，在她回公司拿 POSE 机的 1 个多小时，被竞争对手抢先成交，1 万元的提成没有了，让她后悔不迭。如果实在无法当场签约，至少也要有双方签约的会议纪要或者要求获得定金作为保证，然后确定正式签约的时间。如果对方要找领导最后批准，一定要与对方约定时间节点，最后补一句：“我把底都给你，你可不能反悔啊！”

一、推动客户签约成交的六种方法

1. 直截了当法

充满自信地拿出合同，以毋庸置疑的口气说：“张老板，这是合同，请您确认下，我们下周一安排送货。”这种陈述的好处是暗示客户所有的问题都已经解决了，剩下就是签合同与发货了。要进行积极的假设：客户要买的假设，他们要从你这里买的假设，他们今天要买的假设，一切都会顺利的假设。你坚定的态度也会影响对方的决策。否则，当你以不坚定的疑问句说："要不我们今天把合同签了？"对方很可能说："我们再考虑考虑。"

2. 即时优势法

"张总，因为最近销售旺季生产比较紧张，咱们这批货又是非标生产，既然我们就所有的条款达成了共识，今天就把合约签了吧。我们也好尽快安排生产，保证在月底前出货，不耽误你的项目。"但在与客户交谈时要态度诚恳、语气委婉，从对方的利益角度出发，一边说一边拿出合同，请对方确认。如果换一种说法："如果现在不签，我们就不能保证能按时交货了。"这就变成了最后的通牒，小订单逼单可能有点效果，但大客户最好不要逼单，采购有可能比你专业，逼单可能导致客户反感。

3. 附加利益法

"张老板，忘了告诉你了，这周厂家推出前 50 名购车额外获得 1000 小时的超值服务，名额有限。另外，今天订挖机我们专卖店还额外送你 2 万元的大礼包。早晚要买，择日不如撞日、撞日不如今日，今天就把合同签了吧！这是合同文本，您看下！"改变现状总是让人觉得有风险，钱放在口袋里是最安全的，客户最后会犹豫也是常态。销售不要把所有的好处都用尽，留一个撒手锏在最后，推动犹豫不决的客户签约下单，最后也让客户有赢的感觉。

4. 附加订单法

"张先生，给您的新车做个底盘装甲或贴个膜，您看好吗？"车都买了，贴膜是小事，运气好还能实现交叉销售，至少附加订单还可以促进主要订单的成交。当客户拒绝附加订单说"不用了”，也不会拒绝主要订单。例如贴膜不成交，一般会实现新车交易的订单。这里面的心理因素其实与客户还价心理有关，退一步客户感觉会好一点。但增加附加订单的理由最好对客户有利，以前我们在销售石膏板时，也要求客户配套买一些辅助材料，因为可以保证隔墙和吊顶的整体效果和质量。

5. 交易选择法

“张总，你看合同上的发货时间是填下周二还是下周四?”“发货地点是 A 地还是 B 地?”让客户选择，对方更容易接受。其实，主动权在你的手里，无论客户选择什么，结果都是签约成交。有个买辣椒的故事：一个买主问：“辣椒辣吗?”卖辣椒的告诉他：“颜色深的辣，颜色浅的不辣!”不一会儿，颜色浅的辣椒就所剩无几了。又一个买主来了，卖辣椒的答道：“长的辣，短的不辣!”结果长辣椒很快售罄。让客户选择，创造一种自我销售的氛围，顺利成交。

6. 以退为进法

客户说：“你只要同意这个价格我就签约。”你说：“您今天就决定吗?”客户回答：“是。”“您自己决定就可以吗?”“是不是除了价格，其他问题都已经解决了呢?”客户回答：“是。”“如果我们同意您的条件，今天能签单吗?”如果客户回答还是：“是。”那就可以签单了。保险起见，也可以要求对方先交一部分意向金，声称去向领导申请，如果价格可以申请下来就签约；领导不同意，就把意向金退还。当然，你的领导大概率是会批准的。

二、推动客户尽快签约成交要注意两点

第一，要从对方的角度解释，尽早签约成交的好处，但要注意掌握火候、避免强人所难，否则不但暴露你急于成交的心态，

被对方利用，搞不好还会惹恼对方，导致谈判功亏一篑。

销售人员：“李经理，您对项目启动时间有什么想法啊？下一步怎么安排呢？”

客户：“你们把以前的方案加上今天所谈的内容，重新整理一个新方案和实施计划给我，我尽快报老板审批。”

销售人员：“好的，我回去就准备，您看计划里的项目启动时间定在春节前合适吗？”

客户：“春节以后吧，节前事情比较多，时间比较紧，恐怕来不及。”

销售人员：“（失望）也好，这样项目前期的准备工作可以更充分，除了春节还有其他原因吗？（继续寻找机会）”

客户：“我才来三个月，还要花时间熟悉公司的业务情况。”

销售人员：“是啊，老板把你挖来负责这个新项目，一定是对你寄予厚望，您也说过老板希望项目能够尽快实施。项目的实施也是熟悉公司业务最好的途径，你觉得呢？”

客户：“嗯，也对。”

销售人员：“不瞒你说，目前负责安装实施的王经理，是我们公司最好的项目经理，如果春节后启动，我担心被别的项目‘抢走’了。”

客户：“那好，我跟老板汇报下，就暂定春节前把合同敲定吧。”

第二，切莫节外生枝，客户购买时，心理是比较脆弱的。销售人员画蛇添足的举动，会让客户有一个理由来推迟决策时间，提出新的谈判要求，或放弃本来要购买的决定，最终使客户产生不从你这里购买的行动。

销售人员：“装载机您看了还满意吗？”

客户：“感觉还可以，我是你们的老用户，价格合适就可以签合同，工地还等着开工呢?”

销售人员：“张老板，这款装载机很划算，是以前的升级版，采用的是 ZF 变速箱、新技术，使用寿命长、可靠性更高。”

客户：“等等，我三年前买的另一个牌子也是这种变速箱，油耗非常高，所以才买你们品牌的产品。”

销售人员：“我们的变速箱跟他们的不一样，我们是升级版（解释不清了）……”

客户：“我考虑一下。”

最后有一个忠告：如果你与客户成功签约，在与客户道别前，千万不要带着胜利者的姿态离开，而是要哭着离开。同时，不要忘记对客户的购买决定表示肯定和感谢。你需要对客户说以下三句场面话：

表扬对手：“张总，你实在太厉害了，我算服了你。”“我是第一次为客户做出这么大的让步，你的谈判能力实在太强了，要不以后谈判我请你出山得了，您看如何?”

表达无奈：“唉，张总，我都不知道回去怎么向领导交代，领导一定要骂死我了。”“这次我可遇到麻烦了，估计奖金要泡汤了。”“说实在的，刚才答应你的条件，我真的有些冲动了！”

感谢客户：最后说出你的感激之情，感谢给你的机会，实施过程中有任何问题可以随时与你联系，并表示你最看重的是未来的长期合作。“张总，希望我们长期合作，下次的单子让我们挣点钱。”“张总，以后有好的客户一定帮我们引荐。”

我们也对本节做个总结。推动客户签约成交的六种方法：直截了当法、即时优势法、附加利益法、附加订单法、交易选择法、以退为进法。推动客户尽快签约成交要注意两点：从对方的角度解释，切莫节外生枝。最后有一个忠告：表示肯定和感谢，要哭着离开。如图5-6所示。

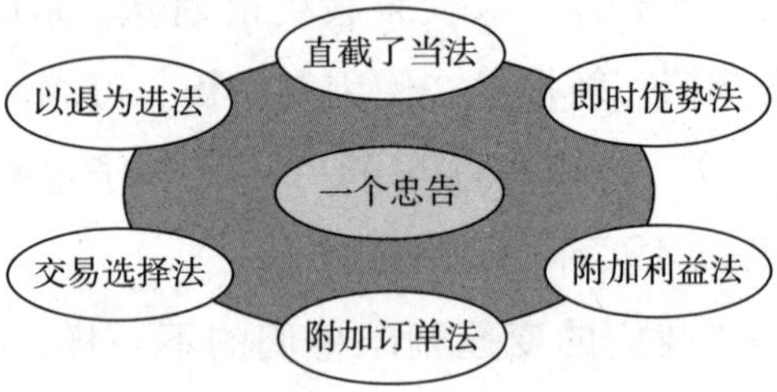

图5-6　推动签约的技巧和忠告

第七节　那些谈判中的误导

在现实世界里，大部分的谈判都是零和谈判及正和谈判的组合，甚至是负和谈判。客户与供应商既是合作关系，也是竞争关系，双赢当然是最理想的状况，但在商言商，谈判中双方免不了利益上的冲突，客户出于获得更有利的交易条件的目的，会故意给供应商提供一些错误的信息。销售人员要有清醒的头脑、准确的判断，对客户的话不可不信，也不可全信，才能在谈判中立于不败之地。以下是客户在谈判中经常误导供应商的十个谎言：

一、我只能付给你这么多钱

顾客："老板，请问这条裤子多少钱？"

老板："180 元……"

顾客："这条裤子值这个价钱，只是我口袋里的票子有限，只有 90 元。"

老板："天啊，你开玩笑，再添 10 元。"

顾客："没的添，我很想给你 180 元，可无能为力。"

老板："好吧，交个朋友，90 元就 90 元。"

顾客："我不会给你 90 元的，还要留 10 元的车费。"

老板："天啊，但我认赔了，算你 80 元好了。"

顾客："我还没有吃早饭。"

老板："天啊，你太过分了……"

客户对你说预算不够，有可能是真的缺钱，最大的可能只是一种谈判的策略，希望以此来压供应商的价。对于前者，供应商可以通过减少产品功能配置、降低型号级别、分期付款或者租赁，甚至通过说服客户高层提高预算来完成交易。但对于后者，则不要受对方报价数字的影响，这只是对方的理想目标，只是影响你期望值的一个“锚”。销售人员要理直气壮地提出自己的正常报价，强调自己的产品报价是市场上的主流报价，然后在你的报价基础上与客户进一步谈判。

二、从其他供应商那里拿到一样的产品，价格更低

遇到这种情况，问一下对方所提及供应商产品的品牌定位，搞清楚跟谁比，忽略品牌定位来比较价格是不公平的？奥托和奥迪能比吗？同时，你的第一反应应该是：既然客户可以以更低的价格获得完全一样的产品，为什么还要在这里浪费时间呢？答案很有可能是：

- 根本不存在这样的低价。
- 确实存在这样的价格，但是产品质量、服务无法满足客户的需求。
- 其他供应商给这样的价格是有前提条件的，例如要求现款现货或成为唯一供货商资格等。
- 他的客户指定用你家的产品。

我以前在跑代理商市场的时候，天天听到客户说哪个厂家又在搞低价促销，某某项目的价格很低，99%都是听说的和空穴来风，拿不出证据。好笑的是，竞争对手也投诉我们价格低，其实不是事实。

三、报个实在价，我们速战速决

客户对你说：“我们也没时间跟你们谈判，你报个实在价，差不多我们就签约了。”不要相信，客户是在探你的底线，没有

所谓的实在价，你的第一次报价都将成为最高价。除非是老客户，彼此了解：你知道对方不会还价，对方认为你诚实，大家不再浪费时间讨价还价，同时市场价格非常透明。但这种情况很少见。

我刚参加工作的时候，一天接到一个客户电话，说要买10台清水泵，还说这种通用设备市场价格很透明，叫我报个实价，合适就订货。我很高兴遇到个“实在人”，忙回答“放心，一定给您一个优惠价格”，便问了一下技术参数，挂完电话，核算了一下成本，做了一份详细的报价单用传真发给他。客户看完价格说还行，晚点回复我，估计他也要比价格。

第二天一早，我又接到这个客户的电话，这次是真激动，说明有戏。可他的话却让我激动不起来，他说：“小陆呀，这个单我们领导同意了，但价格要降，不然不好向领导交代，不能你报多少就是多少吧，每台降2000元就跟你家订了。”听到这话，我肠子都悔青了，当时你让我报实在价格，我听你的了，可你现在又要跟我砍价，还砍这么多，让我接也不是，不接也不是。最后没办法跟领导要了个特价，每台又降了1000元。

四、价格是选择供应商唯一的因素

价格当然是客户采购考虑的主要因素，但绝对不是唯一因素，价格只不过是冰山一角，是客户拿来说事的，质量、服务、品牌、更换供应商带来的风险，客户不会跟你说，但绝对是客户采购中必须考虑的问题。因为产品质量、服务不到位造成的损失绝对是价格低所不能弥补的，况且由此对其个人职位和仕途造成的影响，也是采购当事人担心的。以前我在企业里上班，我自己做过一个调查，那些销售人员声称因为价格而丢的单，最后95%都不是最低价中标的。

当然，不排除价格是唯一考虑因素的客户。如果确实是产品同质化且是低价中标，而你又不愿意放弃这样的客户，那就设法以“最优最低价”成交，即价格比友商低一点，这也可以说明销售人员的实力。

五、透露友商的报价，并出示书面文件

兵不厌诈，有时候客户为了证实友商确实比你报价低，会有意出示友商的书面报价，以此来让你降价。人们总是相信“偷来”的信息，这多半是心理战。有些客户在谈判中会故意借机离开谈判桌而把报价单留在桌上，引诱你相信这是一份真的报价单而促使你降价。当然，也不排除报价单是真的，但概率有多高呢？当你提交新的价格后，客户极有可能拿着你的报价单去压另一个供应商。因此，提交新的价格前一定要向客户表明，如果马上能签合同，才能接受更低的价格。

有一次，我要与东北的某代理商谈签约，但对方一直不积极回应，可能对我们的品牌和实力还有点不放心。后来我故意把我们与上海某东北籍大代理商的合约“误”传给了他，结果合作协议很快就达成了。双方合作熟悉以后，他告诉我：和我们签约前，他还专门托他在上海的朋友去打听了一下，发现和我们签约的上海这位代理商在行业里很有地位，这才下定决心和我们合作。

六、如果我的老板知道，绝对不会同意这样的条件

注意：对方用的是黑白脸战术，让你感觉在帮你，要你赶快决定，接受他的交易条件。其他还有类似的说法，采购告诉你：我可能要离职、公司要收回权限、将有强硬的人参与谈判。如果你真的相信对方会帮你，请给对方找一个帮你的理由：本次采购

能够满足采购当事人什么动机：个人动机还是情感动机。

七、抱怨你的产品质量和服务问题多

客户抱怨是为了让你有愧疚感，从而获得更好的交易条件。有些代理商喜欢把 A 厂家与 B 厂家相比，然后把 A 说得一无是处。其实，明天他碰到 B 厂家的销售人员，同样也会把 B 贬得一文不值。有些商家抓住厂家一些小的质量和服务问题，给厂家的销售人员造成心理压力。其实抱怨只是手段，目的只有一个，从厂家获取更多优惠条件，如价格、付款条件或要达到某种目的。

部分销售人员对客户的态度过分谦卑，对他们的一些无理要求和指责只会点头称是。没有勇气反驳客户无端指责的销售人员，肯定会在生意中甘拜下风，最终向客户做出让步，损害公司的利益。以柔克刚是对待这类客户的策略，不做辩驳只是微笑，但你心里很清楚，不会因此而让步。当然，也有客户抱怨的情况属实，那就虚心接受，及时向公司反馈，限期整改，给客户一个交代。

八、我们准备采购更多，你们报一个新的价格

这是客户惯用的招数，用一个虚拟的订单来换取你的让步。我们准备购买 1 万套（其实只打算买 1000 套）；我们准备跟你们签战略合作协议（其实跟所有的客户都签战略合作协议）；我们准备现款现货，你们的最低价格是多少？对于所谓的未来大单，销售人员应该要求客户以书面形式的订单进行承诺，如果达不到规定数量，则维持最初的价格。

我应对这种情况一般这么说："非常感谢您的信任，我们也愿意跟贵公司建立长期的合作关系。不过，我们更愿意从当前这单开始，认真做好服务，我相信，只要我们努力，未来贵公司一

定会给我们更多的机会。”

九、这个价格你们做不做（极低价格）？否则，我们跟别家谈了

遇到这种情况你真正要担心的是：你如果答应了客户的要求，客户可能还是不跟你签约，客户拿着你的价格再去压另一个供应商。几个回合下来，把你的价格压得很低，而且最先与客户谈的那个供应商是备胎的可能性很高。怎么办？你不妨这么对客户说："如果我同意这个价格，你能不能立刻签约？”如果对方同意就签约，如果对方说还得跟领导商量，那就是谎言。

或者两次报价之后就要收手，如果你的客户已经第三次问价，那他很可能是为了给自己目前的供应商施加压力。你可以这么说："我们并不是靠价格取胜，而是靠产品的性能。请问您喜欢我们产品的哪些性能？我们这一次依旧不会成为价格最低的供应商，是吧？请您告诉我是什么原因，要让我们再做一次报价呢？”

十、这次没机会合作，下次优先选择你

客户对你说："感谢你们的支持，你们很有实力，也很优秀，但出于综合考虑，很遗憾本次采购决定不选择你们，希望下次再有合作的机会。”

我开始做业务的时候信以为真，自我安慰还有下次。后来发现，这是客户最大的谎言。即使客户说的是真心话，客户关系其实也是难以延续，过一段时间可能你认识的人走了，即使没有走时过境迁感情也淡漠了。这次没机会合作，下次谈判还得从头再来，该花钱还得继续花，该让步还得让步。

最后也对本节做个总结，以下是客户在谈判中经常误导供应

商的十个谎言：

- 我只能付给你这么多钱。
- 从其他供应商那里拿到一样的产品，价格更低。
- 报个实在价，我们速战速决。
- 价格是选择供应商唯一的因素。
- 透露友商的报价，并出示书面文件。
- 如果我的老板知道，绝对不会同意这样的条件。
- 抱怨你的产品质量和服务问题多。
- 我们准备采购更多，你们报一个新的价格。
- 这个价格你们做不做？否则，我们跟别家谈了。
- 这次没机会合作，下次优先选择你。

后　记

一篇获得近100万点击的文章

亲爱的新老读者，感谢你购买了本书，如果你看到本文，也感谢你耐心地读完本书。同时，也感谢博瑞森图书一直以来的支持。我想以我的一篇旧文——在《今日头条》上获得近100万点击的文章结束本书。

谈判中向对方提出最后期限的要求，有助于谈判的成功。

某天，你去买茶叶，老板问你："自己喝还是送人?"如果你回答送人，老板会推荐："这种茶叶的质量好，包装也漂亮，价格也贵一点。"如果你说是自己喝，老板会推荐另一种比较实惠的茶叶。这里有什么奥秘吗？我们从营销学定价的角度来分析一下这个问题。

老板问这个问题的目的是做客户细分。自己喝对价格比较敏感，而送人对价格不敏感，如果送给重要的客户或者尊贵的亲戚朋友，越贵越能体现你对对方表达的尊贵和诚意。接下来有人要问了："送人和自己喝的茶叶价格差那么多，质量等级是否真的差那么多?"回答基本上是否定的。产品价格与三个因素有关：一是成本，这是价格的底线，准确地说还是可变成本，就是他的进价是多少，还不包括店租或者人工的成本；二是竞争对手，也就是同类产品其他茶叶店是什么价格，这是参考的价格；三是价值，也就是客户认为你的产品值多少钱?

那么问题来了，茶叶店老板会按照茶叶的进价来定价吗？不会，也许他会考虑竞争对手的价格，但茶叶不是一个同质化的产品，品牌、地域、种类，还有文化的含义，难有可比性。定价的最高境界是按照价值定价——是客户认为的价值，但首先要找到认可你的价值的那些客户，所以老板先问“自己喝还是送人”，其实就是在看你属于哪一类客户。作为礼品，可以卖得贵；而自己喝的，卖得便宜。

有人会问：“难道老板卖的这两种茶叶除了包装真的没有区别了吗?”我的回答是：“也许有，但价格差别没有那么大。宝马3系、5系和7系的性能真的相差那么大吗？回答当然是否定的，只是不同的细分市场的客户对价值认同不同罢了。”

有人会问：“茶叶店老板可不可以定一个平均的价格，无论是送人还是自己喝，该多少钱就多少钱。”如果这样，问题又来了，送礼的人其实可以接受更高的价格，但是你没挣到这部分该挣的钱；自己喝的客户还是觉得价格高，不买了，你也没有挣到这部分钱。据统计，同样的产品定一个价格，商家只能挣到50%的利润，定两个价格能挣到67%的利润，定三个价可以挣到75%的利润。所以，你能理解一罐啤酒在超市、饭店、酒吧会有不同价格的道理了吧？一个LV包在不同的国家的价格也是不同的，在定价上我们把它称为价格歧视，但这确实给商家带来了更多的利润。

读完本文，请大家思考一个问题：在你对客户报价前，是否也要对客户做三六九等的判断，看看眼前这个客户愿意接受什么价格，而不是考虑成本或友商在报什么价格，对吗?

小测验答案

1. A 谈判不应集中在各自的立场上，而是立场背后的实际利益。

2. C 谈判中有实力一方才能向对方提出最后期限的要求。

3. B 让对方知道你的实力，向对方表明你意在发展双方关系。

4. A 打断不但影响对方表达真实的需求，而且会暴露我方的意图。

5. B 回答前等六秒，你的回答也许比你脱口而出好很多。

6. A 开价要高于实价是原则，只是高多少的问题。

7. B 各让一步看起来公平其实不公平，指出对方的价格是不合理的。

8. A 除非交换决不让步。

9. B 没有交换的让步等于白让步。

10. A 先解决小问题，为解决大问题创造条件。

老板 · 创业

一、经理人

书名	内容	书名	内容
老总有想法，高层有干法 王清华 著	企业将、帅之间的定位问题、角色问题、方法问题、思维问题、管理问题等	**历史深处的管理智慧1：组织建设与用人之道** 刘文瑞 著	通过历史鉴照当今企业选人用人、二代接班人、创业团队管理等问题
历史深处的管理智慧2：战略决策与经营运作 刘文瑞 著	通过历史鉴照当今企业决策、战略规划、战略冒进、决策监督等问题	**历史深处的管理智慧3：领导修炼与文化素养** 刘文瑞 著	通过历史鉴照当今企业的领导修养、用权、管理风格等问题
老板经理人双赢之道 陈明 著	经理人怎么选平台、怎么开局，老板怎样选/育/用/留		

二、用人

书名	内容	书名	内容
用好骨干员工 王敏 著	系统化分享关键人才打造与激励方法	**领导这样点燃你的下属** 孟广桥 著	领导者如何才能让员工积极主动地工作
让用人回归简单 宋新宇 著	帮助管理者抓住用人的要害，让用人变得简单	**激活新生代员工** 史量 孙斌 著	走进新生代的世界，一套行之有效的管理、激活90后、95后、00后的方法

三、转型 · 创业

书名	内容	书名	内容
创业要过哪些坎 董坤 著	15年创业咨询经验总结的创业遇到的问题及办法	**高潜牛人** 董坤 著	创业和事业发展中如何找到牛人
成为下一个SaaS独角兽 崔牛会 主编	19位SaaS领专家，7个不同的视角总结SaaS行业实践	**创模式：23个行业创新案例** 段传敏 著	CEO社群23位企业家的思考与实践分享
重生——中国企业的战略转型 施炜 著	本书对中国企业战略转型的方向、路径及策略性举措提出了建议和意见	**7个转变，让公司3年胜出** 李蓓 著	企业估值、业务模式、营销、生产制造、客户服务、用户黏性、组织管理7个转变
企业二次创业成功路线图 夏惊鸣 著	五步骤给出了一幅企业二次创业经营突破、管理提升的成功路线图	**跟老板“偷师”学创业** 吴江萍 余晓雷 著	如何通过“偷师”学习与积累当老板的阅历
公司由小到大要过哪些坎 卢强 著	企业成长路线图，现在我在哪儿、未来还要走哪些路都清楚了	**跳出同质思维，从跟随到领先** 郭剑 著	66个精彩案例剖析，帮助老板突破行业长期思维惯性
极速增长：企业扩张策略 董坤 著	以“8shoes扩张法则”为思考框架，帮助处于这个阶段的创业公司及以创业公司形式孵化的变革型项目做出清晰的战略选择		

企业经营

书名	内容	书名	内容
经营打造你的盈利系统 高可为 著	选择最有效的经营策略，打造属于自己的商业模式	**中国企业的觉醒** 王涛 著	企业告别自私、野蛮，转向善良、爱，才会赢得消费者
成为敏感而体贴的公司 王涛 著	未来有竞争力的企业，一定是那些敏感而体贴的公司	**有意识的思考** 王涛 著	对头脑中固有观念保持觉察，从而超越它们的局限

续表

书名	内容	书名	内容
简单思考 孔祥云　著	著名咨询公司（AMT）CEO创业历程中的经验与思考	**写给企业家的公司与家庭财务规划** 周荣辉　著	以企业的发展周期为主线，介绍各阶段企业与企业主家庭的财务规划
从10亿到100亿的企业顶层设计 刘建兆　著	重新定义企业成长方式，有效益、有效率、有效能、有效果、有品质的良性成长	**活系统：跟任正非学当老板** 孙行健　尹贤　著	造活系统，使系统活，靠系统活，活的系统
宗：一位制造业企业家的思考 刘建兆　著	发展20年营业额近亿元制造业企业家的思考与心得	**使命：驱动企业成长** 高可为　著	用大企业发展轨迹及企业家的心路历程，揭示企业成长的基因、做事的逻辑
让经营回归简单 宋新宇　著	战略、客户、产品、员工、成长、经营者的经营法则	**边干边学做老板** 黄中强　著	86个案例讲述中小公司成长过程中遇到的问题和方法
盈利原本就这么简单 高可为　著	跨越业务与财务边界，为企业提高盈利水平提供方法	**战略参谋：写出管用的战略报告** 蔡春华　著	企业对自己、市场、行业其实了解更深，助你高质量完成战略规划
不战全胜：给企业家读的孙子兵法 王吉坤　杨伟霞　著	从《孙子兵法》提炼和总结了帮助企业打造行业龙头品牌的体系	**公司离不开的全栈运营高手：产品运营与推广获客** 王虎　著	涉及运营案例、思维理论、实操复盘、管理方式、推广策略等，是作者八年运营推广经验的浓缩
公域引流　私域经营：这样经营用户关系 王庆云　汪洋　著	为大中型企业提供私域建设的顶层和全景式框架，探索不同业务特性可能适配的不同私域模式	**平台生态：价值创造与价值获取** 彭毫　罗珉　著	厂商之间的竞争已经从产品转到平台，如何创造新的价值创造和获取模式，是企业最想得到的答案
合伙制经营：有效激励，而不丧失控制权 胡八一　著	重点阐述实施合伙制的流程，通过四步为企业家提供一种有效激励而不丧失控制权的工具和方法	**机制创造人才** 彭剑锋　尚艳玲　著	华夏基石专家团著作，为个体赋能，经营人成就人，进行机制创新和价值管理
管理·管理学			
一、企业管理			
让管理回归简单 宋新宇　著	从目标、组织、决策、授权、人才、老板自己等提供方案	**管理的尺度** 刘文瑞　著	西医式的体检化验，又要施加中医式的望闻问切
管理：以规则驾驭人性 王春强　著	人性驾驭角度权度运筹安排的可兑现性，管理有效性	**看电影，学管理** 刘文瑞　著	十六部电影的解读，揭示电影内含的管理之道
好管理　靠修行 曾伟　著	从佛法、道法思想中寻找管理智慧	**公司大了，怎么管** 金国华　著	成长型企业发展中的共性问题，通过案例实录解开
低效会议怎么改 王玉荣　葛新红　著	从梳理公司会议体系的层面改变低效会议的现状	**年初订计划年尾有结果** 郭晓　著	总结七步落地方案让战略计划切实落地实现
分股合心 段磊　周剑　著	围绕股权激励，详细介绍相关知识和实行方法	**员工心理学超级漫画版** 邢磊　著	以漫画形式对组织中个体心理的全面介绍和深入探讨
让投诉客户满意离开 孟广桥　著	投诉法律法规，应对各种投诉技巧等提升客诉能力	**管理就是定计划，抓落实** 张国祥　著	员工“看了就会、拿来就用”的计划制订操作指南

续表

书名	内容	书名	内容
不读韩非子，怎么当老板 王春强　著	通过集中分析有关人性的内容，引导现代管理者更深理解人性是如何影响企业运行，以及管理者应如何因人性而实施管理	**重新想象组织** 彭剑锋　尚艳玲　著	华夏基石专家团著作，通过组织变革逐步进化，找到成长之道，让企业可持续发展
战略管理有方法 和恒咨询　著	结合中国企业实践总结的一套独创性、实操性的战略方法，100＋工具轻松做战略		
二、管理思想			
管理学的奠基者 刘文瑞　著	近代以来的管理思想发展揭示管理思想的演化奥秘	**巴纳德组织理论研读** 郭威　著	深度研读巴纳德《经理人员的职能》，帮你理解和看懂
管理学在中国 刘文瑞　著	科学看待管理学流入中国，对继承发展进行深入的阐述	**德鲁克管理学** 张远凤　著	以德鲁克管理思想发展为线展示20世纪管理学的发展
德鲁克与他的论敌们 罗珉　著	德鲁克与马斯洛、戴明等诸多管理大师论战的故事	**德鲁克管理思想解读** 罗珉　著	全面解构德鲁克思想的精髓与实践价值
治论：中国古代管理思想 张再林　著	深入分析中国古代哲学基本精神的基础上，梳理分析了儒法墨三家的管理思想	**流程经理10年案例笔记** 王焕东　著	用自身工作和生活中的鲜活案例及思考后的心得呈现不一样的流程管理思想
营销·销售			
一、企业销售			
大客户销售这样说这样做 陆和平　著	大客户销售活动的十大模块，68个典型销售场景	**向高层销售** 贺兵一　著	销售人员与客户高层打交道需要重点掌握的知识、技巧
资深大客户经理 叶敦明　著	将大客户经理必须具备的规划、策略、执行三种能力运用自如	**成为资深的销售经理** 陆和平　著	让销售经理成功把握销售管理的6个关键点，并提供工具
销售是个专业活 陆和平　著	据客户采购流程拆分销售过程十阶段，讲解方法技巧	**学话术　卖产品** 张小虎　著	手机、电动车、家电、食品等消费品的一线销售话术
工程项目大客户销售攻略 陆和平　著	三十八讲循序渐进，全方位透视工程大项目拿单的奥秘，通俗易懂，看了就能用	**大客户销售谈判：获得利润的最快途径** 陆和平　著	从不会谈判到成为谈判专家，帮助你在与大客户的谈判中轻松说服对方，实现从一次成交、成本价成交到高价成交、持续成交的转变
二、企业营销			
新营销组织力 迪智成　著	适应最新数字化外部环境，系统化协同组织能力建设	**营销按钮** 老苗　著	讲述存在于人性及各个营销环节中的“按钮”
精品营销战略 杜建君　著	“精品营销战略”核心逻辑与营销组合策略	**360°谈营销** 王清华　古怀亮　著	营销是立体的，从不同角度观察不同企业的营销精髓

续表

书名	内容	书名	内容
互联网精准营销 蒋军　著	互联网时代整体策划、包装品牌和产品	**招招见销量的营销常识** 刘文新　著	做好基本的营销动作都可以提高销量、降低成本
用数字解放营销人 黄润霖　著	用数字说话覆盖营销工作的方方面面	**用营销计划锁定胜局** 黄润霖　著	让营销计划落地，营销人员只需解决两个问题：基数与概率
我们的营销真案例 联纵智达研究院　著	五芳斋粽子、诺贝尔瓷砖、利豪家具、保健品、娃哈哈	**中国营销战实录** 联纵智达研究院　著	51个案例，46家企业，46万字，18年积淀
弱势品牌如何做营销 李政权　著	产品与物流通道、服务通道、促销互动通路，提供方法	**解决方案营销实战案例** 刘祖轲　著	十大工业品作者实操案例解码解决方案营销
升级你的营销组织 程绍珊　吴越舟　著	根据企业的实际情况建立有机性营销组织	**变局下的营销模式升级** 程绍珊　叶宁　著	十年大量案例归纳三种核心驱动要素、三种升级方向
老板如何管营销 史贤龙　著	十六个招式，理论与案例相结合，高段位营销方法	**孙子兵法营销战** 刘文新　著	理解《孙子兵法》原意的同时，还可体悟到营销之用
新营销2.0：从深度分销到立体连接 刘春雄　公方刚 牛恩坤　等著	立体连接打通三度空间，在互联网时代诞生快消品领域的超级巨头		
三、品牌			
中国品牌营销十三战法 朱玉童　著	深度演绎最符合企业品牌营销策划的十三套实战战法	**中小企业如何打造区域强势品牌** 吴之　著	从如何建立强势品牌的角度解析扩张难题
小众战略：小资源打造强势品牌 吴修利　著	从品牌观念、市场调研、竞争机会、内部调整等角度，对产品、渠道、传播等核心原则进行了系统梳理		
四、营销策划			
这样写文案，就没有卖不动的产品 秦剑　刘安丽　著	术、法、道三个层面由浅至深培养商业文案创作能力	**洞察人性的营销战术** 沈坤　著	介绍了28个匪夷所思的营销怪招，大部分可以直接运用
双剑破局：沈坤营销策划案例集 沈坤　著	双剑公司8年来的实操案例，每个项目诞生过程、策划角度和方法	**社区团购就这么干：供应商•平台•团长•用户** 陈海超　杨顶刚　著	分享最新实践经验，一看就懂，照着就能做
企业案例			
鲁花：一粒花生撬动的粮油帝国 余盛　著	鲁花如何成长为优秀的带动农业产业发展的品牌，鲁花你一定学得会	**金龙鱼背后的粮油帝国** 余盛　著	以金龙鱼为脉的一部中国粮油行业的史诗
你不知道的加多宝 曲宗恺　牛玮娜　著	以时间为轴线，详细叙述了加多宝品牌的发展历程	**静水流深** 黄治国　著	作者在美的十五年对何享健内部讲话资料的整理
娃哈哈区域标杆 罗宏文　快车君 赵晓萌　寇尚伟　著	讲娃哈哈豫北市场如何成为娃哈哈全国第一大市场、全国增量第一的市场	**借力咨询：德邦成长背后的秘密** 官同良　王祥伍　著	德邦将自己积累的与咨询公司发展共赢的合作逻辑和盘托出

续表

书名	内容	书名	内容
六个核桃凭什么从0过100亿 张学军　著	全视角深度解读养元企业的裂变成长，复盘十年蜕变轨迹	**像六个核桃一样** 王超　著	六个核桃为什么卖得这么好，产品畅销的6大要义36条简明法则
中国首家未来超市 IBMG集团　著	对乐城超市的掌门人及内部员工的采访详细阐释了乐城的经验	**三四线城市超市如何快速成长：解密甘雨亭** IBMG集团　著	甘雨亭的许多关键经营指标均高于行业标准，学习其成功的方法
集团化企业阿米巴实战案例 初勇钢　著	作者在某酒厂推行阿米巴经营模式的心得		
经销商			
新经销：新零售时代教你做大商 黄润霖　著	探访近100位经销商在传统营销手法上的创新，传统营销微创新和新营销本地化	**商用车经销商运营实战** 杜建君　王朝阳 章晓青　著	对商用车经销商的经营与管理、4S店运营做了全方面的总结
跟行业老手学经销商开发与管理 黄润霖　著	从管理耐用消费品经销商角度提炼了48个代表性问题并给出解决办法	**快消品经销商如何快速做大** 黄润霖　著	经销商如何通过经营实现规模，通过管理实现规模效益
建材家居经销商实战42章经 王庆云　著	经营管理的心法和战法，帮助经销商成为“业务妙手”和“管理能手”	**成为最赚钱的家具建材经销商** 李治江　著	针对建材家居行业的经销商，从销售模式、产品、门店、市场等方面给出方法
白酒经销商的第一本书 唐江华　著	对经销商如何选择厂家、合作、运营品牌等问题给出建议	**快消品招商的第一本书** 刘雷　著	从招商理论到招商动作进行系列化分解，化繁为简
大商方法：榜样经销商与厂家的合作之道 唐道明　著	洞察厂商合作的核心，为经销商提供可行的方法，手把手教你做大商		
中小企业			
中小企业如何打造区域强势品牌 吴之　著	从如何建立强势品牌的角度解析扩张难题	**用流程解放管理者** 张国祥　著	8个板块构成，共66篇文章，14幅流程管理图
用流程解放管理者2 张国祥　著	对中小企业规范化流程管理进行系统的阐述	**弱势品牌如何做营销** 李政权　著	产品与物流通道、服务通道、促销互动通路提供方法
本土化人力资源管理8大思维 周剑　著	用最贴近中国中小企业现实管理情境的案例讲述周围人的“家事”	**中小农业企业品牌战法** 韩旭　著	农业企业需要全产业链视野，更需要品牌实战方法
门店管理			
门店销售冠军复制系统 王吉坤　著	门店型企业如何打造可复制的销售冠军系统	**新零售动作分解与实操：建材·家居·家具** 盛斌子　著	对泛家居行业趋势、店面管理、团队管理、促销推广、五感营销等提供策略
家具建材促销与引流 薛亮　李永锋　著	对泛家居营销执行模式和工具、关键环节等进行汇总	**建材家居门店6力爆破** 贯同领　著	产品力、导购力、形象力、推广力、服务力、组织力

续表

书名	内容	书名	内容
家具行业操盘手 王献永　著	总结家具终端门店发展的现状及问题并给出策略	**手把手教你做专业督导** 熊亚柱　著	系统梳理督导的核心技能，岗位职责、工作流程及技能
手把手帮建材家居导购业绩倍增 熊亚柱　著	针对建材家居门店的业务人员，用案例故事还原场景教你成为好导购	**10步成为最棒的建材家居门店店长** 徐伟泽　著	梳理店长管理的核心工作职责、店面管理规范，帮助销售人员成长
建材家居门店销量提升 贾同领　著	9个板块讲述建材门店一个单店如何做到经营的良性循环	**总部有多强大，门店就能走多远** IBMG集团　著	五大方向综合阐述连锁零售企业总部如何提升管理能力
赚不赚钱靠店长，从懂管理到会经营 孙彩军　著	注重专卖店的经营思路拓展、门店管理细节方面能力的提升	**新医改了，药店就要这样开** 尚锋　著	从药店定位的思考，内部和会员管理等方面探讨中小型药店发展方向
电商来了，实体药店如何突围 尚锋　著	新时代药店经营的三驾马车：药学专业服务、会员贴心服务和精准定向促销	**引爆药店成交率1：店员导购实战** 范月明　著	药店人的零售工作，怎样接待顾客，完善销售技巧
引爆药店成交率2：药店经营实战 范月明　著	从药店经营角度建立改善门店现状的实用标准	**引爆药店成交率：专业化销售解决方案** 范月明　著	从简单的拿药服务到提供多角度的专业解决方案
口腔门诊盈利倍增：精益口腔 杨伟霞　王吉坤　著	为口腔门诊定制业绩提升管理系统并落地实施		
互联网			
一、互联网转型			
画出公司的互联网进化路线图 李蓓　著	18个“可以……吗”的问题作为产品、客户和价值方面的指引牌	**7个转变，让公司3年胜出** 李蓓　著	企业估值、业务模式、营销、生产制造、客户服务、用户黏性、组织管理7个转变
重生战略移动互联网和大数据时代的转型法则 沈拓　著	四个重生战略对应四个法则，告知传统企业的转型重生之路	**创造增量市场：传统企业互联网转型之道** 刘红明　著	为读者提供了寻找这些互联网的切入点和接触点的具体方法，带来增量市场
互联网+变与不变 本土管理实践与创新论坛　著	61篇精华文章，聚焦传统行业如何互联网+时代转型	**今后这样做品牌** 蒋军　著	顶层设计、营销创新、产品战略、渠道变革、品牌策略
移动互联新玩法 史贤龙　著	立足现实，剖析新时代背景下的移动互联趋势与热点	**互联网时代的成本观** 程翔　著	多维组合成本的互联网精神和大数据特征及应用
正在发生的转型升级实践 本土管理实践与创新论坛　著	100多位本土管理专家当年对最新一年的思考和实践	**1000铁杆女粉丝** 张兵武　著	如何让普通女性成为忠实追随的铁杆粉丝，磁力点、情感结、甜蜜区、信任圈
混沌与秩序Ⅰ：变革时代企业领先之道 彭剑锋　施炜　苗兆光　王祥伍　孙波　夏惊鸣	新环境下企业面临变革应如何应对，企业家如何坚守并与企业共同成长	**混沌与秩序Ⅱ：变革时代管理新思维** 彭剑锋　施炜　苗兆光　王祥伍　孙波　夏惊鸣	对处于时代变革下的企业管理新机制、人力资源管理新思维，组织与人的新型关系，结合案例提出优化建议
消费升级：实践·研究 本土管理实践与创新论坛　著	从经营、管理、行业三个方面记录消费升级下的实践	**互联网精准营销** 蒋军　著	互联网时代整体策划、包装品牌和产品

续表

书名	内容	书名	内容
智能推荐：让你的业务千人千面 刘国昊　周波　著	从资讯、电商、文娱行业来详细讲解智能推荐的应用，用户时间的争夺战	**制造业外贸营销网站建设** 宋金亮　著	介绍整个网站从无到有的实现过程，从分析思路、撰写内容到规划页面，列举了大量正反面实例，帮助读者理解和投入实践
二、抖音、微信微商、电商			
抖音营销系统 刘大贺　著	抖音系统的实战营销知识，上百个从0做大的案例	**金牌微商团队长** 罗晓慧　著	微商团队长创业实操的指导工具书
微商生意经：真实再现33个成功案例操作全程 伏泓霖　罗晓慧　著	精心挑选的33个微商成功案例，阐述具体操作过程	**快速见效的企业微信营销方法** 孙巍　著	站在微信生态的立体高度系统讲述企业微信快营销方法论
阿里巴巴实战运营：14招玩转诚信通 聂志新　著	产品定位、阿里巴巴排名因素、数据分析、标题优化等	**阿里巴巴实战运营2：诚信通热卖技巧** 聂志新　著	打开诚信通运营的金钥匙，十大具体运营技巧
三、行业新营销			
餐饮新营销 杨勇　程绍珊　著	聚焦餐饮企业转型，系统的餐饮企业营销管理体系	**新零售进化路径** 李政权　著	预先复盘新零售及商业的未来，找到方向
珠宝黄金新营销 崔德乾　著	珠宝业新营销/新品牌/新产品/新零售/新连接/新场景/新服务/新传播/新管理	**新经销：新零售时代教你做大商** 黄润霖　著	探访近100位经销商在传统营销手法上的创新，传统营销微创新和新营销本地化
新零售动作分解与实操：建材·家居·家具 盛斌子　著	对泛家居行业趋势、店面管理、团队管理、促销推广、五感营销等提供策略	**新营销** 刘春雄　著	让品牌商和渠道商掌握获得独立流量的能力，能够与平台商博弈
快速见效的企业网络营销方法 B2B　大宗 B2C 张进　著	数据和案例90%来自作者服务的中小企业，快速全面地学习企业网络营销方法	**移动互联下的超市升级** 联商网专栏　著	超市未来的发展趋势，对社区超市、生鲜、全渠道建设、O2O等提出观点
百货零售全渠道营销策略 陈继展　著	零售行业的竞争重点、行业本质、战略转型、未来趋势、经验和案例	**互联网时代的银行转型** 韩友诚　著	银行业在互联网金融变革浪潮中所做的积极应对和转型布局
触发需求：互联网新营销样本·水产 何足奇　著	通过鲜誉案例解读阐述水产行业如何进行互联网转型	**新农资如何弯道超车** 刘祖轲　著	从农业产业化、互联网转型、行业营销与经营突破四个方面阐述农资企业转型
新零售　新终端 迪智成　著	将新零售系统打法做梳理并落地在新终端建设上		
医药医疗			
一、药店			
新医改了，药店就要这样开 尚锋　著	从药店定位的思考、内部和会员管理等方面探讨中小型药店发展方向	**电商来了，实体药店如何突围** 尚锋　著	新时代药店经营的三驾马车：药学专业服务、会员贴心服务和精准定向促销
引爆药店成交率1：店员导购实战 范月明　著	药店人的零售工作，怎样接待顾客，完善销售技巧	**引爆药店成交率2：药店经营实战** 范月明　著	从药店经营角度建立改善门店现状的实用标准

续表

书名	内容	书名	内容
引爆药店成交率：专业化销售解决方案 范月明　著	从简单的拿药服务到提供多角度的专业解决方案	**连锁药店新风口：资本　智能　大数据** 动脉网　著	对我国连锁药店的市场环境、行业现状等进行分析，给出对连锁药店未来发展趋势的预判
二、药品销售			
医药第三终端：从控销到动销　诊所　基层医疗 王祥君　张芳文　著	用大量案例来梳理药企落地动销的策略、方法和技战术	**医药营销：诊所开发维护与动销** 张江民　著	从六个方面系统阐述基层诊所市场营销攻略
处方药合规推广实战宝典 赵佳震　著	对处方药推广体系搭建、推广人员岗位内容等六个方面进行阐述	**医药代理商经营全指导** 戴文杰　著	从产品选择、价格体系设计、路径管理等维度描述代理商产品操作的基本策略
处方药零售这样做 田军　著	处方药零售的重要性及做市场的具体措施和方法	**OTC 医药代表药店开发与维护** 鄢圣安　著	一位从初级 OTC 医药销售代表成长起来的销售经理的经验分享
OTC 医药代表药店销售 36 计 鄢圣安　著	以《三十六计》为线，阐述 OTC 医药代表向药店销售的技巧与策略	**做医生信赖的医药代表** 邹晓徽　宁剑锋 朱文虎　著	医药代表如何在合规要求下做好药品推广工作的操作工具书
三、药企转型			
药企战略·运营与医药产业重构 杜臣　著	医药产业的深度认知与发展趋势结合，战略思考与经营操作相统一	**医药行业大洗牌与药企创新** 林延君　沈斌　著	围绕创新介绍医药行业，介绍近百家医药企业创新实践案例
医药新营销 史立臣　著	从药企最关心的八个方面阐述制药企业、医药商业企业营销模式转型	**医药企业转型升级战略** 史立臣　著	从商业模式转型、管理转型、定位转型、运营模式转型和跨界转型五方面阐述转型
新医改下的医药营销与团队管理 史立臣　著	立足新医改相关政策的解读，为中小医药企业出谋划策	**在中国，医药营销这样做** 段继东　著	时代方略在医药营销领域思想、方法文章的精选合集
四、新医疗			
成为医疗器械领军者 王强　著	中小医疗器械生产企业和代理商怎样转型	**新型诊所经营与创新** 动脉网　著	对新型诊所从标准化管理、经营方式、团队建设、连锁模式四个方面进行解读
医美新风口：颜值经济下的亿万市场 动脉网　著	详细介绍中国医疗美容行业的发展趋势、现状及医美产业链等	**互联网医院：正在发生的医疗新变革** 动脉网　著	介绍互联网医院的建设与运营、管理，发展模式和市场布局，以及发展规律
快消品			
一、快消案例			
中国快消品营销这些年 史贤龙　著	一本书浓缩快消品营销 15 年的实战历程与前沿思考	**这样打造大单品** 迪智成　著	通过 13 个大案例帮助企业梳理打造大单品的路径
你不知道的加多宝 曲宗恺　牛玮娜　著	以时间为轴线，详细叙述了加多宝品牌的发展历程	**娃哈哈区域标杆** 罗宏文　快车君　赵晓萌 寇尚伟　著	娃哈哈豫北市场如何成为娃哈哈全国第一大市场、全国增量第一的市场

续表

书名	内容	书名	内容
六个核桃凭什么从0过100亿 张学军　著	全视角深度解读养元企业的裂变成长，复盘十年蜕变轨迹	**像六个核桃一样** 王超　著	六个核桃为什么卖得这么好，产品畅销的6大要义36条简明法则
5小时读懂快消品营销 陈海超　著	20年快消品市场风云洞察解码，丰富的案例解析		
二、快消品区域经理			
快消品营销团队管理 刘雷　伯建新　著	快消品团队管理相关的20余个工具+20余个案例	**这样打造快消品区域标杆** 罗宏文　牛玉龙　著	分两篇解决如何成功打造标杆市场和进行持续增量管理两大问题
成为优秀的快消品区域经理（升级版） 伯建新　著	作为区域经理的“速成催化器”，升级版增加11篇内容	**快消老手都在这样做：区域经理操盘锦囊** 方刚　著	一线成长起来的资深快消品营销人“压箱底”绝活
快消品营销人的第一本书 刘雷　伯建新　著	针对一线厂家业务员工作中常遇到的问题给予建议	**销售轨迹：一位快消品营销总监的拼搏之路** 秦国伟　著	一个普通营销人的故事，16年背井离乡的职场拼搏之路
快消品营销：一位销售经理的工作心得2 蒋军　著	从市场操作、团队管理、传播推广、营销的具体策略和战略等方面提供方法		
三、快消品动销			
动销：产品是如何畅销起来的 余晓雷　著	从怎么被消费者买走和竞争对手是谁这两个原点解决动销问题	**动销操盘：节奏掌控与社群时代新战法** 朱志明　著	用七个章节阐述关于动销操盘的要诀，节点、节奏、主次、条件匹配性等问题
动销四维：全程辅导与新品上市 高继中　著	从产品、渠道、促销和新品上市四个方面详细讲解提高动销的具体方法		
四、快消品渠道			
深度分销 施炜　著	渠道价值链、模式选择、渠道策略与管理、零售经销商管理、最佳实践、团队建设	**通路精耕操作全解** 周俊　陈小龙　著	对康师傅的制胜法宝通路精耕进行系统的介绍与说明，图表和完善入微的操作方法
酒水饮料快消品餐饮渠道营销手册 朱伟杰　著	对餐饮渠道深入挖掘，建立适合餐饮渠道发展的服务模式和组织保障措施	**快消品经销商如何快速做大** 杨永华　著	经销商如何通过经营实现规模，通过管理实现规模效益
快消品营销与渠道管理 谭长春　著	解决日常涉及的渠道管理、市场、产品等营销事务	**快消品招商的第一本书** 刘雷　著	从招商理论到招商动作进行系列化分解，化繁为简
采纳方法：化解渠道冲突 朱玉童　著	21个最新的渠道冲突案例立体地介绍渠道冲突的现象和方法		
五、快消品企业战略			
重构：快消品企业重生之道 杨永华　著	从战略、品牌、市场、产品、营销、系统、管理7个方面进行重构	**变局下的快消品实战策略** 杨永华　著	从5个角度针对快消品企业如何应对行业变局给出答案
新营销 刘春雄　著	让品牌商和渠道商掌握获得独立流量的能力，能够与平台商博弈	**采纳方法：破解本土营销8大难题** 朱玉童　著	破解困扰营销人的八大难题，给出解决方法

续表

白酒			
书名	内容	书名	内容
白酒营销培训宝典：复制高业绩 刘孝鞅　著	总结白酒营销人员系统运作市场的要点，转化为易学可复制的动作和工具表单	**酒水饮料快消品餐饮渠道营销手册** 朱伟杰　著	对餐饮渠道深入挖掘，建立适合餐饮渠道发展的服务模式和组织保障措施
白酒营销的第一本书 唐江华　著	多角度阐释白酒一线市场操作的最新模式和方法	**白酒经销商的第一本书** 唐江华　著	对经销商如何选择厂家、合作、运营品牌等问题给出建议
白酒到底如何卖 赵海永　著	多角度阐释白酒一线市场操作的最新模式和方法	**白酒到底如何卖2：从市场培育到动销** 赵海永　著	系统化、标准化、模式化的促成动销的实战操作方式和方法
变局下的白酒企业重构 杨永华　著	白酒企业重构期的营销战略与实操策略6大方法	**酒业转型大时代** 微酒　著	酒水营销、新闻资讯及行业分析、预测的知识宝典
区域型白酒企业营销必胜法则 朱志明　著	以36条法则从战略、营销、推广、产品线、品牌、市场、战术等方面提供方法	**10步成功运作白酒区域市场** 朱志明　著	从市场攻守、产品攻略、新品上市、占领渠道、促销等十个层面阐述
白酒营销1：中小酒企操盘与崛起 徐伟　徐涛　著	深入分析品牌与行业、操作方法，提供营销实操宝典	**白酒营销2：品类创新策略升级** 黑格咨询　著	立足行业现状，建立品类创新、营销模式创新路径，提供市场建设方法、营销策略与工具案例
茶·调味品·油·乳业			
营销中国茶：2小时读懂茶叶营销 史贤龙　著	中国茶营销的“困局”“破局”和“创举”	**中国茶叶营销第一书** 柏龑　著	纵览中国茶叶市场的全局，并且有针对性地提出问题并阐述解决方法
调味品营销第一书 陈小龙　著	15年监控中国市场50个中外著名调味品品牌市场运作、管理等的经验总结	**调味品企业八大必胜法则** 张戟　著	提炼了调味品企业八大规律性的关键成功要素
食用油营销的第一本书 余盛　著	从小包装油行业概述到产品的基本知识，从基本执行动作到品牌整体策划等	**鲁花：一粒花生撬动的粮油帝国** 余盛　著	鲁花如何成长为优秀的带动农业产业发展的品牌
金龙鱼背后的粮油帝国 余盛　著	以金龙鱼为脉的一部中国粮油行业的史诗	**乳业营销的第一本书** 侯军伟　著	区域型乳品企业如何才能稳健发展
调味品经销商公司化运营 张戟　著	调味品和快消品经销商如何从“个体户”到“公司化”，一步步推进的具体方法		
工业品			
一、工业品销售			
大客户销售这样说这样做 陆和平　著	大客户销售活动的十大模块，68个典型销售场景	**销售是个专业活** 陆和平　著	据客户采购流程拆分销售过程十阶段、讲解方法技巧
成为资深的销售经理：B2B工业品 陆和平　著	让销售经理成功把握销售管理6个关键点，并提供工具	**一切为了订单：订单驱动下的工业品营销实践** 唐道明　著	以订单流程的三个环节为主线讲述工业品营销管理新思路
订单是这样拿到的 郑文洲　著	作者近10年销售生涯的回顾，真实销售故事和成功经验分享		

续表

二、工业品营销			
书名	内容	书名	内容
工业品营销管理实务（第4版） 李洪道　著	是信任导向工业品营销体系的深化版、工业品营销管理体系优化咨询的升级版	**工业品企业如何做品牌** 张东利　著	为当下中国制造的品牌化转型提供经过实践证明的理念、方法和体系
工业品市场部实战全指导 杜忠　著	解决职能不清、市场部五大职能如何运作、职业发展路径等具体问题	**解决方案营销实战案例** 刘祖轲　著	十大工业品作者实操案例解码解决方案营销
资深大客户经理：策略准　执行狠 叶敦明　著	将大客户经理必须具备的规划、策略、执行三种能力运用自如		
三、工业品企业			
变局下的工业品企业7大机遇 叶敦明　著	探索工业品企业成长的新机会，7大战略与战术性机会	**两化融合管理体系贯标流程与方法** 戴勇　著	融合五十多家企业在两化融合贯标过程的经验，总结重点与举措
丁兴良讲工业4.0 丁兴良　著	多角度阐述中国在工业4.0的机遇和挑战		
建材家居			
一、建材家居门店			
家居建材促销与引流 薛亮　李永锋　著	对泛家居营销执行模式和工具、关键环节等进行汇总	**新零售动作分解与实操：建材·家居·家具** 盛斌子　著	对泛家居行业趋势、店面管理、团队管理、促销推广、五感营销等提供策略
家具行业操盘手 王献永　著	总结家具终端门店发展的现状及问题并给出策略	**手把手教你做专业督导** 熊亚柱　著	系统梳理督导的核心技能、岗位职责、工作流程及技能
手把手帮建材家居导购业绩倍增 熊亚柱　著	针对建材家居门店的业务人员、案例故事还原场景，教你成为好导购	**10步成为最棒的建材家居门店店长** 徐伟泽　著	梳理店长管理的核心工作职责、店面管理规范和帮助销售人员成长
建材家居门店销量提升 贾同领　著	9个板块讲述建材一个单店如何做到经营的良性循环	**建材家居门店6力爆破** 贾同领　著	产品力、导购力、形象力、推广力、服务力、组织力
二、建材家居经销商			
新经销：新零售时代教你做大商 黄润霖　著	探访近100位经销商在传统营销手法上的创新，传统营销微创新和新营销本地化	**建材家居经销商42章经** 王庆云　著	经营管理的心法和战法，帮助经销商成为“业务妙手”和“管理能手”
成为最赚钱的家具建材经销商 李治江　著	针对建材家居行业的经销商，从销售模式、产品、门店、市场等方面给出方法		
三、建材家居企业			
定制家居黄金十年 韩锋　翁长华　著	对中国定制家居行业20年发展历程进行深度、系统、专业的解读	**建材家居营销：除了促销还能做什么** 孙嘉晖　著	探索家居建材行业营销的革命，发现行业“营销天花板”的突破口
建材家居营销实务：新环境、新战法 程绍珊　杨鸿贵　著	针对建材家居市场特点提出以客户价值为基础的整体营销价值链	**全屋整装　高利润运营手册** 翁长华　陈平　著	十大维度解决实际问题，是0到1极具操作性的整装指南

续表

零售·餐饮·服装·影院			
书名	内容	书名	内容
新零售进化路径 李政权　著	预先复盘新零售及商业的未来，找到方向	新零售　新终端 迪智成　著	梳理新零售系统打法并落地在新终端建设上
移动互联下的超市升级 联商网　著	超市未来的发展趋势，对社区超市、生鲜、全渠道建设、O2O等提出观点	百货零售全渠道营销策略 陈继展　著	零售行业的竞争重点、行业本质、战略转型、未来趋势、经验和案例
超市卖场定价策略与品类管理 IBMG集团　著	零售企业的市场拓展与商品定位、商品结构与商品陈列、毛利分析与库存分析	连锁零售企业招聘与培训破解之道 IBMG集团　著	围绕零售企业组织架构、培训体系建设等内容进行探讨
总部有多强大，门店就能走多元 IBMG集团　著	五大方向综合阐述连锁零售企业总部如何提升管理能力	三四线城市超市如何快速成长：解密甘雨亭 IBMG集团　著	甘雨亭的许多关键经营指标均高于行业标准，学习其成功的方法
中国首家未来超市：解密安徽乐城 IBMG集团　著	对乐城超市的掌门人及内部员工的采访详细阐释了乐城的经验	零售：把客流变成购买力 丁昀　著	通过大量的实际案例对中国零售业态的升级转型之路提出思考
餐饮新营销 杨勇　程绍珊　著	聚焦餐饮企业转型，系统的餐饮企业营销管理体系	电影院的下一个黄金十年 李保煜　著	介绍了中国电影产业的运作模式及电影院的开发、设计思路
餐饮企业经营策略第一书 吴坚　著	阐述餐饮企业产品之道、市场之道、顾客之道及盈利之道	赚不赚钱靠店长，从懂管理到会经营 孙彩军　著	注重专卖店的经营思路拓展，门店管理细节方面能力提升
时装买手自学通 范敏娜　编著	从流行趋势调研、商品企划、采购渠道、数据管理到店铺销售等时装买手需要具备的能力与操盘技巧		
农牧业			
一、农资			
饲料营销有方法 陈石平　著	饲料营销的7大核心命题	农资营销实战全指导 张博　著	在农资市场行之有效的营销策略和工具
新农资如何弯道超车 刘祖轲　著	农业产业化、互联网转型、行业营销与经营突破		
二、农牧企业			
中国牧场管理实战 黄剑黎　著	对牧场管理标准、管理制度、操作规程做出剖析和指引	中小农业企业品牌战法 韩旭　著	农业企业需要全产业链视野，更需要品牌实战方法
变局下的农牧企业9大成长策略 彭志雄　著	为农牧企业量身打造了9个立足现在、展望未来的成长策略	农产品营销实战第一书 胡浪球　著	针对33个农产品营销的核心问题提供具体招数
农产品全网营销 吴之　著	帮助全国农业合作社、家庭农场打造农产品品牌		
地产·汽车			
一、地产			
中国城市群房地产投资策略 吕俊博　刘宏　著	挖掘主要城市群的现状特征、发展因子、演化趋势、竞争关系等，给出分析建议	产业园区/产业地产：规划、招商、实战运营 阎立忠　著	从认知、规划、招商、运营四方面系统解读产业园区的建设精要和运营技巧

续表

书名	内容	书名	内容
人文商业地产策划 戴欣明　著	“全球化视野（创意）”＋“人文＋”思维		
二、汽车			
商用车经销商运营实战 杜建君　著	对商用车经销商的经营与管理、4S店运营做了全方面的系统总结	汽车配件这样卖 俞士耀　著	适合轮胎、机油、维修、快保、美容、洗车等汽车服务业态销售实操办法
润滑油销售：这样说，这样做更有效 张金荣　著	总结润滑油销售面对三大客户常遇到的200余个营销问题解决方法	润滑油品牌营销 张金荣　著	没有说教，只有方法，适合小微企业、代工品牌、经销商、营销人阅读
投资理财·收购资本			
交易心理分析 马克·道格拉斯 【美】　著	一语道破赢家的思考方式，并提供了具体的训练方法	财报背后的投资机会 蒋豹　著	零基础轻松掌握财务报表的相关知识，快速入门
写给企业家的公司与家庭财务规划 周荣辉　著	以企业的发展周期为主线，介绍各阶段企业与企业主家庭的财务规划	分股合心 段磊　周剑　著	围绕股权激励，详细介绍相关知识和实行方法
成功并购300问 浩德并购军师联盟　著	系统学习资本运作和企业并购知识的金融工具书	并购名著阅读指南 叶兴平　著	从全球5000多本并购图书中精选200本并进行评价
避开股权合伙这些坑 苏雯静　著	根据创始合伙人、外部合伙人、内部合伙人等方面的实际案例做归纳和梳理	产业并购操盘手 张军杰　著	15个案例，11个范本，38个图表，拿来即用
科创板IPO上市全流程指导 丁先云　刘海旭　著	不仅有各项制度的深入剖析，更有各种问题和解决方案的详细论述，配合案例，轻松操作		
阿米巴			
阿米巴经营的中国模式 李志华　著	基于阿米巴经典理念提出了适合中国本土的员工自主经营的“1532”模型	集团化企业阿米巴实战案例 初勇钢　著	作者在某酒厂推行阿米巴经营模式的心得
中国式阿米巴落地实践之激活组织 胡八一　著	划分原则、裂变与整合、组织管控、重新定位、巴长竞聘和组阁	中国式阿米巴落地实践之从交付到交易 胡八一　著	从6个方面阐述经营会计，从交付到交易是成功实施阿米巴的标志
中国式阿米巴落地实践之持续盈利 胡八一　著	企业做成平台、平台做成阿米巴、阿米巴做成合伙制		
人力资源管理			
一、绩效·薪酬			
回归本源看绩效 孙波　著	从目的和概念帮助企业梳理绩效管理与经营的关系	走出薪酬管理误区 全怀周　著	从7个常见的薪酬误区入手为企业提供一套系统解决方法
曹子祥教你做绩效管理 曹子祥　著	作者核心授课课程的还原，掌握绩效管理的核心内容	曹子祥教你做激励性薪酬设计 曹子祥　著	作者28年咨询经验总结，如何进行科学的薪酬体系设计

续表

书名	内容	书名	内容
二、招聘·面试·培训			
把招聘做到极致 远鸣　著	资深招聘经理多年工作心得的提炼	**把招聘做到极致2：灰度招聘全攻略** 黄渊明　李佳倩　著	从实战需求出发，兼容并包各种优秀的招聘理论、方法、经验与工具，并进行创新性的应用
把面试做到极致 孟广桥　著	一套实用的确定岗位招聘标准，提升面试官技能方法	**世界500强资深培训经理人教你做培训管理** 陈锐　著	构建培训体系、培训组织、培训文化、开发培训资源，教你做培训管理
人才评价中心漫画版 邢雷　著	用漫画形式写成的人才测评专业书籍		
三、HR高管·劳动法			
经营型HRD 黄渊明　著	总结企业HRD如何支撑企业经营，抓好七件关键事情	**人才供应链：实现高绩效均衡的人才管理模式** 许锋　著	打造人才供应链的四大支柱、十项修炼的完整体系
新任HR高管如何从0到1 新海　著	到互联网创业型企业担任HRVP，从0到1建立较完善的HR体系	**人力资源体系与e－HR信息化建设** 刘书生　陈莹　王美佳　著	6大框架、28个关注点、5大目标、6大优势、166个交付物咨询体系和盘托出
集团化人力资源管理实践 李小勇　著	针对集团型企业人力资源管理的问题提出科学建议	**我的人力资源管理笔记** 张伟　著	第三方咨询视角跳出“技术方法”看人力资源管理
人力资源的5分钟劳动法 李皓楠　著	入职管理、在职管理、离职管理中遇到的劳动法问题及应对	**海外人力资源管理：帮企业成功“走出去”** 黄渊明　著	弥补了中国企业海外人力资源管理实践体系建设的空白，具有开创性意义
四、HRBP			
HRBP是这样炼成的之菜鸟起飞 黄渊明　著	作者在初步转型HRBP两年时间里摸索实践的亲身经历与总结	**HRBP是这样炼成的之中级修炼** 黄渊明　著	结合作者亲身从事HRBP的工作经历，总结HRBP的作战故事
HRBP高级修炼 黄渊明　著	故事方式，HRD角度深度呈现运用HRBP的思维、方法		
企业文化			
企业文化落地本土实践 王祥伍　著	华夏基石“知信行”模型描绘企业文化落地路线图	**企业文化的逻辑** 王祥伍　著	从文化起源深刻剖析文化、效率、企业、企业文化联系
企业文化定位·落地一本通 王明胤　著	企业文化理念传播和落地聚焦的17种方法，解读了近100个实战案例	**36个拿来就用的企业文化建设工具** 海融心胜　著	汇集整理了36个通用的企业文化实践工具
企业文化激活沟通 宋杼宸　安琪　著	系统阐述沟通与企业文化的关系，给予企业提升沟通效能的企业文化解决方案	**企业文化建设超级漫画版** 邢雷　著	用漫画形式写成的企业文化建设专业书籍，理论体系和29个具体的操作方法
在组织中绽放自我 朱仁建　著	个人与组织之间的关系，文化对组织化形成的影响		
流程管理			
营销·研发·供应链业务架构与流程管理 谭勋晖　著	营销、研发、供应链三大业务流程变革实践经验总结	**打造集成供应链** 王春强　著	第一用力在“集成”上，梳理内外部相关模块及其依赖关系
人人都要懂流程 金国华　余雅丽　著	50幅流程管理漫画，内部对流程价值理念的高度共识	**用流程解放管理者** 张国祥　著	8个板块构成，共66篇文章，14幅流程管理图

续表

书名	内容	书名	内容
用流程解放管理者2 张国祥 著	对中小企业规范化流程管理进行系统的阐述	**跟我们学建流程体系** 陈立云 罗均丽 著	在《跟我们做流程管理》的基础上丰富了标杆实践案例
质量管理			
16949质量管理体系落地与全套文件汇编 谭洪华 著	对IATF16949每个条款讲解采用理解、作用、落地、模板、成功案例模块解析	**ISO9001：2015制造业文件模板全集** 贺红喜 著	五篇内容组成的完整的质量管理体系工具文件
精益质量管理实战工具 贺小林 著	四个方面对精益质量管理进行了全方位介绍和解读，并提供大量的方法工具	**五大质量工具详解及运用案例** 谭洪华 著	APQP、FMEA、MSA、SPC、PPAP五大质量工具的具体运用
IATF16949质量管理体系详解与案例文件汇编 谭洪华 著	针对IATF16949的标准原文做详细解说，同时提供大量的表单案例	**SA8000：2014社会责任体系认证实战** 吕林 著	将SA8000多版本及10多年的体系实战经验汇编成书
ISO9001：2015新版质量管理体系解读与案例文件汇编 谭洪华 著	对ISO9001：2015新版标准理解和运用操作进行详细解读	**ISO14001：2015新版环境管理体系解读与案例文件汇编** 谭洪华 著	ISO14001：2015改版后的差别和操作运用进行详细讲解
我在世界500强做供应商质量管理 宋华 著	分享汽车行业成熟的供应商质量管理体系和方法，都是作者的亲身经历	**ISO45001职业健康安全管理体系落地+全套案例文件** 谭洪华 著	每个条款清晰讲解，内容完全落地，轻松运用
精益生产			
一、精益·JIT·IE			
精益思维：超越对手的力量 刘承元 著	以尊重人性的精益思想为切入点，分别从管理者的精益理念、精益思维、精益实践、精益中国制造等方面进行独到的分析	**比日本工厂更高效** 刘承元 著	管理提升无极限+超强经营力+精益改善里的成功实践
计划与物流精益改善之道 于晓光 著	围绕“计划与物流战略咨询的方法论”进行解析，提供方法论和案例	**300张现场图看懂精益5S** 乐涛 著	通过日本丰田、上市企业案例，用300张现场图系统讲解5S管理
3A顾问精益实践1：IE与效率提升 党新民 苏迎斌 蓝旭日 著	系统、全面地介绍IE工厂管理技术，提高效率创造价值	**3A顾问精益实践2：JIT与精益改善** 肖智军 党新民 著	系统、全面地介绍JIT生产方式，并加入实践案例
高员工流失率下的精益生产 余伟辉 著	从三方面论述推行精益管理时如何应对员工流失	**让员工爱上6S管理** 肖智军 著	提供了众多企业的原版资料、案例，还汇集了一些企业骨干的推行感想、感悟及反思
200张图表学精益管理：IE工厂效率提升方法 刘秀堂 著	IE工程师视角，全是一线经验。精益落地的实操方法，大量图表工具让你上手就能做		
二、生产管理			
化工企业工艺安全管理实操 黄娜 著	围绕化工工艺安全14要素来展开分析	**手把手教你做专业生产经理** 黄娜 著	生产经理如何在信息流、物流、资金流三大流中开展工作

续表

书名	内容	书名	内容
欧博心法：好工厂　靠管理 曾伟　著	从管人篇和管事篇帮助读者解决人难管、事难控	**欧博工厂案例1：生产计划管控对话录** 曾伟　曾子豪　著	工厂管理生产计划管控模块的8个全景细节大案例
欧博工厂案例2：品质技术改善对话录 曾伟　曾子豪　著	工厂管理品质、技术、效率管理模块的10个全景细节大案例	**欧博工厂案例3：员工执行力提升对话录** 曾伟　曾子豪　著	工厂管理人员管控模块的5个全景细节大案例
工厂管理实战工具 曾伟　著	中国传统文化指导下的工厂管理工具	**制造业成本倍减42法** 王天江　著	42种经过实际验证有效的成本降低方法，用61个真实案例说明
制造企业上10亿其实并不难 杨小林　著	年产值1亿～10亿元中小制造企业在工厂经营和管理上的业务指导		
三、班组长			
全能型班组：城市能源互联网与电力班组升级 国网天津电力公司　著	从互联网时期的班组转型升级出发，对新型班组组织模式和运行机制进行设想	**国网天津电力全能型班组建设实务** 国网天津电力公司　著	聚焦天津电力公司在探索全能型班组转型升级时的优秀实践
车间人员管理那些事儿 岑立聪　著	从小事入手把基层车间管理者头疼的事务打包解决		
	咨询·培训师		
培训师事业长青之道 廖信琳　著	培训师自我管理的"洋葱模型"、十项内容与五个层级	**管理咨询师的第一本书** 熊亚柱　著	深度剖析初级入行咨询师在工作中遇到的问题
资深管理咨询顾问工作心得 张国祥　著	使用手册讲述咨询师如何操作项目、老板如何选择咨询师、企业如何自主落地	**手把手教你做顶尖企业内训师** 熊亚柱　著	从开、控、收、编、制、用的角度去履行培训师的职责
TTT培训师精进三部曲上 廖信林　著	手把手教你"深度改善现场培训效果"的一招一式	**TTT培训师精进三部曲中** 廖信林　著	建构一整套培训课程设计与开发的认知架构和方法体系
TTT培训师精进三部曲下 廖信林　著	通过"沉淀职业功力的六度模型"，帮助培训师在职业技能上持续精进		
	产品·研发		
研发体系改进之道 靖爽　陈年根 马鸣明　著	取材数十家企业研发改进的咨询实践，提炼一套实操的改进步骤与工具	**新产品开发管理，就用IPD（升级版）** 郭富才　著	把产品经营的思想凝结在新产品开发管理机制中，升级版更丰富
产品开发管理：方法·流程·工具 任彭枞　著	结合超过300家企业的实际研发管理方法，总结问题和方法，大量表格	**资深项目经理这样做新产品开发管理** 秦海林　著	采用过程管理方法，对新产品开发的四大过程进行分析，主要针对小电器产品
产品炼金术Ⅰ：如何打造畅销产品 史贤龙　著	打造畅销产品的四个方法	**产品炼金术Ⅱ：如何用产品驱动企业成长** 史贤龙　著	从经营者视角重新认识产品，快速诊断产品现状
快消品产品开发方法：打造快消爆品 张荣举　著	提供整套实战性的思维、方法、技能和工具，直接带有表格及公式，一看就能上手		